L'ENFER DE GLACE

ÉDITIONS
TRUSTAR

Une division de Trustar ltée
2020, rue University
20ᵉ étage, bureau 2000
Montréal (Québec) H3A 2A5

Vice-Président, Éditions: Claude Leclerc
Directrice d'éditions: Annie Tonneau
Révision: Corinne De Vailly
Correction: Camille Gagnon
Couverture: Michel Denommé
Photos: La Presse, Daniel Auclair, Marco Weber,
Jean-François Lenoir, Laurence Labat,
Frédéric Auclair, Charles Richer
Infographie: Jean-François Gosselin

© Éditions Trustar, 1998
Dépôt légal: premier trimestre 1998
Bibliothèque nationale du Québec
Bibliothèque nationale du Canada
ISBN: 2-921714-28-0

Eric Pier Sperandio

L'ENFER DE GLACE

La tempête de verglas du siècle au jour le jour

ÉDITIONS
TRUSTAR

Distribution pour le Canada:
Agence de distribution populaire
1261 A, rue Shearer
Montréal (Québec) H3K 3G4
Téléphone: (514) 523-1182
Télécopieur: (514) 939-0705

Distribution pour la France et la Belgique:
Diffusion Casteilla
10, rue Léon-Foucault
78184 Saint-Quentin-en-Yvelines Cedex
Téléphone: (1) 30 14 19 30
Télécopieur: (1) 34 60 31 32

Distribution pour la Suisse:
Diffusion Transat S.A.
Case postale 1210
4 ter, route des Jeunes
1211 Genève 26
Téléphone: 022 / 342 77 40
Télécopieur: 022 / 343 4646

À Élise et Michel Charbonneau,
pour la complicité et le coup de main;

à Yolande Chevrier, pour les douches
et les repas;

à Lise et Jacques Laberge,
pour le dépannage;
à Claude Gendron et Mario Danis,
pour les points d'eau creusés dans le lac;

à Liliane et Bruno Frappier,
du dépanneur Léry,
pour nous avoir si bien dépannés;

à Chantal Boisvert, Bernard Gagné,
Paul Sperandio, Eric Gentile,
qui nous ont tous offert de nous héberger.

Une pensée toute spéciale
à Gabrielle Haineault, pour le foyer!

À tous ces autres complices de milliers
de sinistrés comme nous l'étions.

Eric Pier Sperandio

SOMMAIRE

Prologue
LUNDI 5 JANVIER
NORMALE DE SAISON 11

Jour 1
MARDI 6 JANVIER
LA SITUATION SE DÉGRADE...17

Jour 2
MERCREDI 7 JANVIER
HYDRO EN PANNE! 27

Jour 3
JEUDI 8 JANVIER
LE QUÉBEC EN ÉTAT D'ALERTE..45

Jour 4
VENDREDI 9 JANVIER
DE MAL EN PIS 51

Jour 5
SAMEDI 10 JANVIER
MONTRÉAL, VILLE RETRANCHÉE.......................................61

Jour 6
DIMANCHE 11 JANVIER
LE CRI DU CŒUR DE LUCIEN BOUCHARD 71

Jour 7
LUNDI 12 JANVIER
UNE SEMAINE! 94

Jour 8
MARDI 13 JANVIER
LE FROID SE MET DE LA PARTIE 107

Jour 9
MERCREDI 14 JANVIER
PATIENCE ET LONGUEUR DE TEMPS 115

Jour 10
JEUDI 15 JANVIER
DES HAUTS ET DES BAS 131

Jour 11
VENDREDI 16 JANVIER
LE COMPTE À REBOURS COMMENCE 137

Les jours d'après
RECONSTRUCTION ET PATIENCE 145

LUNDI 5 JANVIER

NORMALE DE SAISON

près quelques jours de congé consacrés aux réjouissances de Noël et du Nouvel An, des milliers de travailleurs retournent au travail et des milliers d'étudiants et d'écoliers réintègrent leurs classes. Chacun a plein de bons moments à l'esprit et plein d'anecdotes à raconter.

Ce retour au train-train quotidien se fait toutefois cahin-caha, particulièrement à Montréal où le Service des travaux publics a renoncé à charger la neige durcie après le dégel du vendredi et du samedi, question d'économie. Certains acceptent la situation avec un esprit bon enfant; d'autres, en revanche, maudissent ces bancs de neige et ces remblais glacés qui se sont formés près des intersections et des ruelles et qui ralentissent d'autant la circulation. Et voilà que la neige et la pluie verglaçante se mettent à nouveau à tomber. Joyeux branle-bas de combat dans les rues de la métropole!

Les banlieusards n'échappent pas aux sautes d'humeur de Dame Nature; les embouteillages matinaux à l'entrée des ponts rappellent à chacun ces petits aléas du quotidien qu'on avait oubliés ces dernières semaines.

Bref, les activités reprennent leur cours normal.

Au fil des heures, de cinq à dix millimètres de pluie verglaçante tomberont sur le sud-ouest du Québec, Montréal, la Montérégie, l'Estrie, Laval, les Laurentides et Lanaudière. Mais ces quelques millimètres de pluie verglaçante qui tombent en début de journée ne sont que les premiers si l'on se fie aux prédictions des météorologues qui, à la radio et à la télévision, nous annoncent sur un ton guilleret qu'il tombera bien vingt, vingt-cinq et peut-être même trente millimètres de ce fin crachin glacé. Heureusement, soulignent-ils, forts de leurs tableaux et de leurs statistiques, le risque de revivre à plus grande échelle ce que les résidants de la région de Lanaudière avaient vécu à pareille date l'an dernier est pour ainsi dire inexistant. En 1997, nous rappelle-t-on, nous avions eu droit à trente millimètres de cette pluie verglaçante en quelque seize ou dix-sept heures, accompagnés de vent relativement forts de cinquante kilomètres/heure; cette année, ces petites dizaines de millimètres mettront environ trente-six heures à tomber et les vents seront d'au plus de dix à vingt kilomètres/heure; la température nous sera aussi favorable, souligne-t-on, puisqu'elle atteindra de 2^O à 3° Celsius, c'est-à-dire moins que la normale de saison qui est de -5°. Ce redoux devrait par ailleurs se charger, selon la Ville de Montréal, de faire disparaître la neige et la glace accumulées...

Chacun en rajoute, qui de ses souvenirs, qui de ses prévisions, mais, dans leur voiture, les automobilistes n'écoutent que distraitement leur autoradio entre le bruit des essuie-glace qui continuent inlassablement leur va-et-vient, et tout à leur conduite de brousse — évitant un piéton ici, un banc de neige et quelques autres automobiles là —, et à leur bataille avec le chauffage de la voiture pour éviter que le pare-brise ne s'embue.

À la sortie des bureaux, la situation ne s'est guère améliorée malgré l'épandage de produits abrasifs dont l'efficacité semble pour le moins discutable lors de précipitations de cette nature, et la circulation dans les rues de la ville — comme d'ailleurs partout dans ce fameux sud-ouest québécois — est de plus en plus hasardeuse. Une dizaine d'accidents, dont certains avec blessés légers, sont d'ailleurs rapportés par les chroniqueurs à la circulation des différentes stations de radio, qui nous informent de certains bouchons de circulation et de ces inévitables embouteillages à l'approche des ponts.

La situation n'a rien d'exceptionnelle, chacun a déjà connu pire, il en faudrait plus pour nous inquiéter. La circulation est certes difficile, quelques vols ont bien été annulés à l'aéroport de Dorval, tandis que d'autres étaient simplement retardés, mais c'est le calme plat sur le réseau électrique nous dit Hydro-Québec. Les nouvelles n'ont donc rien d'alarmantes.

Ces précipitations de pluie verglaçante et de grésil sont certes ennuyeuses, mais nous avons encore ce «petit quelque chose» de nos ancêtres coureurs des bois et défricheurs dans le sang et il en faudrait plus pour nous obliger à demeurer à la maison. Faisant contre mauvaise fortune bon cœur, nombre d'automobilistes s'attablent dans un restaurant du centre-ville, le temps que le pire passe, tandis que des milliers de personnes partent à l'assaut des grandes surfaces et des boutiques pour profiter des aubaines d'un *boxing day* prolongé et que des milliers de fans des Backstreet Boys bravent la froidure et le verglas pour se rendre au Centre Molson applaudir leurs idoles — pendant que quelques centaines de parents tournent en rond, en voiture, aux alentours de l'édifice pour récupérer leur progéniture à la fin du spectacle. En sortant de l'amphithéâtre, vers les vingt-deux heures — parce que j'en suis, j'y ai emmené mon neveu —, la circulation a tourné au cauchemar; les piétons prennent le chemin le plus court pour traverser les rues, les automobilistes s'impatientent et jouent du klaxon. Les préposés à la circulation sont littéralement débordés. Heureusement, les enfants, eux, ont encore la tête et le cœur au *Everybody-Backstreet's Back*: «Ça valait le coup!» se dit-on.

Une fois le neveu reconduit chez sa mère, comme plusieurs centaines d'autres je mets le cap sur la maison. La visibilité est réduite et la chaussée glissante sur l'autoroute 20, certains inconscients me doublent néanmoins à plus de cent-vingt kilomètres/heure; la circulation sur le pont Mercier — eh oui! j'habite la Montérégie — est ralentie par les opérations de déblayage dont on se demande si elles ne nous compliquent pas plus l'existence qu'elles ne nous la facilitent! Une vingtaine de kilomètres encore et j'arrive à la maison.

Le calme après la tempête!

Mais le répit est de courte durée, une panne d'électricité nous plonge dans l'obscurité. Qu'à cela ne tienne, ça ne durera pas, me dis-je, me rappelant que Hydro-Québec a souligné que le verglas risque bien de rompre certains câbles et que notre situation particulière à Léry, petite municipalité sur les rives du lac Saint-Louis, coincée entre la réserve de Kanawake et la ville de Châteauguay — où les vents sont toujours plus forts, fait de nous des victimes toutes désignées. Mais Hydro-Québec l'a dit et répété à satiété, tout ne sera qu'une question de minutes, d'une ou deux heures tout au plus, le temps d'une bûche dans le foyer, de quelques chandelles et de goûter cette petite bouteille d'hydromel aux framboises que l'on a mise de côté...

Jour 1

MARDI 6 JANVIER

LA SITUATION SE DÉGRADE

*A*u petit matin, non seulement l'électricité n'est-elle pas revenue, mais nous apprenons — *walkman* sur les oreilles en alimentant le foyer et en faisant bouillir un peu d'eau pour le café sur le réchaud à fondue — que la situation, loin de s'être améliorée, semble plutôt s'être détériorée. Si ce n'est pas encore la panique, c'est bien la tempête — celle qui, comme par hasard, ne nous a pas été annoncée!

De fait, les nouvelles se bousculent et prennent tout le monde de court. Les météorologues et les médias ont-ils été trop prudents; ont-ils craint de commettre la même erreur que la semaine précédente alors que, dans la journée du 29 décembre, on nous avait annoncé une «tempête du siècle» qui s'était révélée n'être qu'une bordée de neige comme celles auxquelles nous sommes si habitués? Certes, on nous a parlé de précipitations verglaçantes, mais on a aussi ajouté du même souffle que nous n'avions rien à craindre, que les arbres ne craqueront pas, que les pylônes ne s'écrouleront pas et que le réseau électrique, sans être à l'abri de quelques pannes, tiendra aisément le coup.

Pourtant, dès le milieu de la nuit, vers les trois hèures, la situation se dégrade à un rythme non seulement désastreux, mais affolant: 70 000 pannes à l'heure; à la fin de la matinée, c'est près de 800 000 abonnés — un abonné sur quatre! — qui se retrouvent privés d'électricité, comparativement à quelque 400 000 quelques heures plus tôt. On n'évoque plus la situation qui a frappé la région de Lanaudière l'an dernier, mais on établit plutôt un parallèle avec la tempête de glace que le Québec a connue en 1961, la pire enregistrée... du moins jusqu'à ce jour.

La situation n'a définitivement rien de rassurant puisque les météorologues — reprenant pied dans la réalité — nous annoncent que nous ne sommes pas au bout de nos peines, que non! Après la trentaine de millimètres tombée depuis dimanche soir, on nous garde sur le qui-vive en annonçant que la pluie verglaçante, le grésil et la neige continueront de tomber jusque dans la nuit de vendredi à samedi, sans compter les vents qui risquent de s'élever et de causer de nouveaux dégâts.

Comme tout le monde, Hydro-Québec est aussi pris de court. Outre d'inciter ses abonnés à la patience, elle dépêche toutes ses ressources disponibles sur le terrain, hésitant encore parfois à rapatrier son personnel des régions de Québec, Trois-Rivières et de l'Abitibi, au cas où ces régions seraient à leur tour frappées par cette tempête.

Néanmoins, la société d'État compte rapidement près de 2 000 employés pour réparer ses lignes et patrouiller son réseau. Mais c'est déjà tâche de titan, et les 2 000 réparateurs et les renforts appelés au fil des heures sont rapidement débordés, ne sachant plus où donner de la tête, alors que de nouvelles branches d'arbres cassent et coupent les fils, les obligeant sans cesse à recommencer à zéro: «Ça doit faire une dizaine de fois que nous revenons ici pour nous occuper du même circuit, confie l'un d'eux. C'est toujours la même chose, on enlève une branche, mais une autre, plus haute, casse, tombe sur le fil et provoque une nouvelle panne...»

Le verglas est définitivement la plus importante source d'ennuis pour Hydro-Québec, mais surtout pour ses travailleurs qui doivent se battre avec les éléments. On ne compte plus les cas de branches d'arbres qui cassent sous le poids de la glace accumulée et tombent sur un un fil électrique, ou de ces autres qui ploient et touchent le fil de façon intermittente, mettant le circuit hors-tension en raison du système même de sécurité de la société; on ne compte plus les chutes de branches qui provoquent la rupture d'un fil électrique lorsque ce n'est pas celle du poteau qui les supporte, ni les transformateurs qui *grillent*.

Et comme si ce n'était pas suffisant, voilà qu'en tout début d'après-midi on apprend que huit pylônes d'Hydro-Québec — du jamais vu! — ont littéralement cédé sous le poids des glaces et la force des vents. L'autoroute 20, entre Montréal et Québec est aussitôt fermée dans les deux sens, sur pas moins de quatre kilomètres; comme les équipes régionales ne peuvent intervenir, parce qu'il s'agit de grands pylônes, on attend une escouade spéciale qui se mettra à la tâche dès son arrivée. Il faudra la journée entière avant que l'on rétablisse la circulation. L'autoroute Jean-Lesage n'est toutefois pas la seule route à subir les contrecoups de la température; toutes les régions boisées écopent, car des centaines et des milliers d'arbres cassent sous le poids du verglas et, dans leur chute, arrachent des câbles et bloquent les routes. Le spectacle de désolation est désespérant, aussi bien dans l'ouest de l'île que le long du Saint-Laurent et du Richelieu. La Ville de Montréal n'échappe pas à cette tourmente; à preuve, en milieu d'après-midi les autorités municipales évaluent à près de 15 000 le nombre d'arbres endommagés dans les rues et les parcs de la ville et il continue de s'en ajouter d'heure en heure — et cela ne tient pas compte des dommages causés par le verglas aux arbres se trouvant sur les propriétés privées. La cinquantaine d'émondeurs de la ville ne suffit plus à la tâche, aussi veille-t-on essentiellement à répondre aux situations qui présentent le plus de danger.

En ce milieu d'après-midi, on devine sans peine que la situation ne reviendra pas de sitôt à la normale. Dans bien des cas, on ne parle plus «de quelques heures», mais de «quelques jours» avant que la situation ne s'améliore. D'ailleurs, un peu partout les commerces ferment, tandis que certains autres demeurent ouverts et continuent de faire des affaires en s'éclairant avec les moyens du bord et en renouant plus ou moins facilement avec le calcul à la main. Quelques-uns, plus chanceux ou plus avisés, font pétarader leur génératrice. Les plus jeunes vivent aussi leur part d'aventures; dans presque tout le sud-ouest de la province — Montréal, la Montérégie, l'Estrie, Laval, les Laurentides et Lanaudière — les écoles sont fermées; les universités Concordia et de Montréal annoncent la fermeture de la plupart de leurs pavillons et seule l'UQAM, en raison de sa proximité d'une station de métro, semble échapper à la crise.

Mais si le métro semble être un *no man's land* confortable, la situation est fort différente en ce qui concerne les autres modes de transport. À Dorval, où l'aérogare est en pleine conversion, on n'est définitivement pas préparé à cet afflux de passagers, tant et si bien que c'est l'anarchie qui règne; des milliers de voyageurs en partance voient, impuissants, résignés ou irascibles, l'annulation de près de

70 départs et le retard de bon nombre d'autres. Les aires de restauration rapide ne suffisant plus à la demande, et souhaitant faire contre mauvaise fortune bon cœur, certains passagers mettent le cap sur l'hôtel Hilton voisin où le steak à une trentaine de dollars et la bouteille de vin à trois ou quatre fois le prix de la Société des alcools écornera irrémédiablement leur budget des vacances. Les trains pâtissent aussi de la température; outre le gel des aiguillages, lesquels doivent alors être actionnés à la main, les arbres jonchant les rails prolongent d'autant la durée de ce qui devient un véritable périple. Même les trains de banlieue fonctionnent au rythme des pannes et des reprises de l'alimentation électrique! Quant aux autobus parcourant les grandes distances, s'ils partent à peu de choses près à l'heure prévue, leur arrivée est tout ce qu'il y a de plus aléatoire! Seul (petit!) réconfort, bien que verglacées et balayées par les vents, qui rendent la visibilité difficile, et malgré très souvent l'absence de feux de circulation et autres signalisations lumineuses, les routes demeurent étonnamment tranquilles, sans doute parce que moins d'automobilistes prennent la route et que ceux qui le font conduisent lentement, très lentement...

Près de 4 000 employés de la ville de Montréal sont déployés sur le terrain, affectés exclusivement à sécuriser automobilistes et piétons. Mais, tiens! Où est donc le maire Bourque, se questionne-t-on tout à coup. Mais, en vacances, en Chine! On en fait déjà des gorges chaudes, rappelant l'épisode des inondations que Montréal avait subi en juillet 1987, alors que l'ex-maire Jean Doré avait brillé par son absence. «Mais monsieur Bourque téléphone chaque jour à l'hôtel de ville pour s'informer de la situation et je suis là pour intervenir personnellement si la situation semble nécessaire» précise néanmoins la présidente du comité exécutif, Noushig Eloyan. Quelques heures plus tard, elle nous annonce que le maire Bourque met fin prématurément à ses vacances et entend prendre le premier avion disponible pour réintégrer sa ville...

$\mathcal{S}$i près de 250 000 foyers sont privés d'électricité à Montréal, la situation n'est guère plus reluisante dans les régions de Laval, des Laurentides et de Lanaudière. Toutefois, c'est sur la Rive-Sud, en Montérégie plus particulièrement, que la situation est la plus critique: 350 000 foyers y sont privés d'électricité.

Les premiers signes alarmants arrivent de Saint-Lambert, alors que des poteaux s'affaissent littéralement dans les rues, provoquant une panne d'électricité et l'évacuation d'une trentaine de résidences d'un secteur de la ville; quelques heures plus tard, plus de 250 personnes provenant de deux centres pour personnes âgées, privées d'électricité depuis plusieurs heures, sont également évacuées en raison du froid qui menace leur santé. À l'instar de la petite ville habituellement tranquille, les autres municipalités de la Rive-Sud mettent les bouchées doubles afin de venir en aide aux résidants affectés par cette incartade de Dame Nature, à l'origine de cette *avalanche* de branches dans la région.

Pompiers, policiers et cols bleus ne tardent pas à réagir; ils s'affairent partout sur la Rive-Sud à écarter les branches et les arbres, tandis que Hydro-Québec tente tant bien que mal de rétablir le service. Après Saint-Lambert, qui a accueilli les premiers réfugiés, Saint-Bruno ouvre son centre d'urgence. Puis, en début de soirée, Longueuil annonce à son tour l'ouverture d'un centre de services aux sinistrés au collège Édouard-Montpetit. «Les personnes qui se rendent au centre doivent apporter avec elles des couvertures, des sacs de couchage, des oreillers et des vêtements chauds» indique le responsable de l'opération. Boucherville,

Saint-Hubert, Sainte-Julie, Saint-Basile-le-Grand, Château-guay, Verdun, LaSalle, Lachine, Mont-Royal et Outremont suivent peu de temps après. Montréal ne fait pas exception et elle accueille ses citoyens privés d'électricité au centre communautaire Côte-des-Neiges et au centre sportif de la Petite-Bourgogne.

Aucune évacuation massive n'est prévue dans l'immédiat, mais les autorités — et la Sécurité civile qui entre en jeu — n'en écartent pas la possibilité, selon l'évolution de la situation.

$\mathcal{T}$outefois, pour l'instant, on cherche davantage à rassurer la population qu'à dramatiser les événements, on semble même avoir plutôt tendance, comme on le verra plus tard, à minimiser l'impact des événements qui surviennent ici et là — à moins qu'on se refuse plus simplement à imaginer que le pire soit encore à venir.

Hydro-Québec ne peut dire à quel moment le courant sera rétabli sur le réseau. La vice-présidente exécutive de la société d'État lance, en réponse à une question qui lui est posée en conférence de presse, une phrase dont on se souviendra probablement encore longtemps et qui en dit long sur l'état d'esprit des technocrates: «Dites-moi quand arrêtera le verglas et je vous dirai quand on prévoit rebrancher.»

On profite également de cette conférence de presse pour lancer un avertissement clair et sans équivoque sur les dangers des appareils à combustibles faits pour l'extérieur, une mise en garde d'autant plus de circonstance que l'on apprend qu'un peu plus tôt, un homme de quatre-vingt-deux ans, résidant de l'Outaouais, est mort vraisemblablement asphyxié, après avoir utilisé une génératrice dans sa résidence — un autre décès surviendra en soirée; cette fois, c'est un homme de quatre-vingt-neuf ans qui mourra lors d'un incendie déclenché par la surchauffe du foyer d'une résidence pour personnes âgées autonomes de Sainte-Dorothée, à Laval. Les autorités ne sont pas sans savoir qu'en cas de panne d'électricité prolongée, de plus en plus de gens seront tentés de faire de même, d'utiliser un poêle de camping, un barbecue ou quelque autre appareil de chauffage d'appoint à combustible, croyant que le seul fait d'entrouvrir une fenêtre les protège de tout risque. Or, ce n'est pas le cas, même dans cette circonstance, ces appareils de plein air sont dangereux à l'intérieur car ils dégagent du monoxyde de carbone, un gaz inodore, incolore et sans saveur, mais néanmoins très toxique — mortel — et qu'il est impossible de détecter sans appareillage spécialisé.

Hydro demande par ailleurs à la population de ne pas téléphoner à ses bureaux afin de garder ses lignes libres pour les cas d'urgence; tout comme d'ailleurs le Centre d'urgence 911 de la Communauté urbaine qui demande, lui aussi, de n'utiliser son numéro que dans les situations où la vie, la sécurité ou la santé de la population peuvent être compromises. On souligne que toutes les autres situations dues à la tempête de verglas, des branches tombées aux pannes d'électricité, sont connues.

Les hôpitaux de la région métropolitaine, et particulièrement les urgences, doivent composer avec un achalandage accru, mais, une fois encore, ce sont les établissements de la Rive-Sud qui sont particulièrement touchés, chacun ayant à composer avec un bon nombre de blessures dues à des chutes, taux plus élevé que d'habitude. En raison des risques de panne d'électricité — certains établissements en ont d'ailleurs été victimes quelques heures plus tôt — toutes les chirurgies non urgentes du lendemain, de même que tous les rendez-vous en clinique externe sont annulés.

Malgré la panne qui se prolonge, rares sont ceux qui quittent leur résidence. D'une part, exception faite des villes d'importance, on tarde à réagir et l'information, quand information il y a, est relayée au compte-gouttes; d'autre part, chacun nourrit l'espoir d'être parmi les premiers à être rebranchés.

Comme la majorité de la population, je ne me risque guère au dehors, sinon pour aller chercher quelques bougies et quelques piles — pour la radio, la télé et l'ordinateur! — à la pharmacie Jean Coutu tout près de chez moi et refaire le plein d'essence, de crainte d'être pris dans un embouteillage et de me retrouver en panne sèche. Mais nous ne nous absentons guère de la maison, car il faut sans cesse enfourner quelques bûches dans le foyer — non sans constater que la provision de bois baisse à vue d'œil — au risque de voir la température chuter dramatiquement sous les assauts du vent qui déferle sur la voie maritime. À Léry, comme j'imagine dans bien d'autres petites municipalités, les édiles municipaux restent attentistes — c'est à se demander si tout le monde n'a pas accompagné le maire Bourque en vacances!

La douce quiétude qui accompagnait les premières heures de la panne, la veille, s'est transformée en un agacement qu'on parvient difficilement à contrôler, encore moins à réprimer.

Jour 2

HYDRO EN PANNE!

Ce qu'on a cru n'être qu'un désagréable intermède est en voie de devenir notre quotidien.

Certes, depuis hier, les 2 000 employés que Hydro-Québec a déployé sur le terrain travaillent jour et nuit pour rétablir le courant; la société d'État leur devra d'ailleurs de sortir blanchie de cette aventure cauchemardesque, même si ses technocrates ont définitivement manqué de vision et de planification. On peut certes se draper dans des mots tels que «situation exceptionnelle», «conditions extraordinaires», «température imprévisible» et autres excuses du même genre, il n'en demeure pas moins que force est de constater un cafouillage certain et une perte de contrôle de la situation. Par exemple, il aura fallu attendre jusqu'à aujourd'hui pour entendre Hydro-Québec annoncer l'arrivée prochaine d'une centaine d'équipes américaines d'élagueurs pour lui prêter main-forte; attendre aussi jusqu'à aujourd'hui pour que la société d'État demande à des techniciens retraités et des monteurs de réseaux autonomes de se joindre à ces élagueurs américains. Attendre. Est-ce que Hydro-Québec, qui n'avait pas fait appel à de l'aide extérieure depuis 1965, a tant tardé à le faire en espérant que les conditions météorologiques s'améliorent et ainsi protéger sa réputation? La question mérite très certainement d'être posée.

Toujours est-il que les monteurs de lignes profitent d'une accalmie pour faire passer le nombre de clients sans électricité de quelque 750 000 à un peu moins de 400 000. Ces employés suscitent l'admiration des quidams qui les observent. «On ne fait rien d'extraordinaire, me confie l'un d'eux croisé dans une rue de l'est de Montréal. C'est notre travail de monter des lignes, et puis on est habitué à donner des bourrées...» Un autre m'explique plus en détail en quoi consiste leur boulot: «L'important, quand on arrive quelque part, c'est de sécuriser les lieux; de délimiter l'emplacement, de s'assurer qu'il n'y a pas de fils arrachés d'une propriété et qui pourraient prendre feu lorsque le courant reviendra.» Il me regarde, hésitant, puis ajoute: «Le pire, c'est quand je suis rentré chez moi, sur la Rive-Sud, la nuit passée, je n'avais pas d'électricité!»

«De toute façon, ajoute un jointeur, en se tournant vers nous, j'aime bien mieux travailler comme ça que de me retrouver dans un bureau. Ça, ça serait dur!»

$\mathcal{L}$es quelque 300 municipalités frappées par le mauvais temps et le verglas apprennent toutefois qu'elles vont bénéficier d'un programme d'aide financière pour défrayer les coûts rattachés à l'instauration de mesures et de travaux d'urgence sur leur territoire. De fait, un décret d'assistance spéciale pour les municipalités est adopté par le gouvernement à l'occasion d'une réunion du Conseil des ministres.

On apprend ainsi que les municipalités, sur présentation de factures, obtiendront le remboursement des frais encourus pour l'établissement de centres d'hébergement et de travaux d'urgence, tels que le déblaiement des débris dans les rues. Les coûts de la main-d'œuvre exceptionnelle seront aussi couverts en totalité. «Ce n'est pas une enveloppe fermée, il n'y a pas de plafond», précise le Premier ministre Lucien Bouchard qui délaisse Québec pour tenir le fort dans sa maison d'Outremont, elle-même privée d'électricité depuis la veille. «On a passé la nuit à la maison, mais je ne suis pas sûr qu'on va passer une autre nuit si le courant ne revient pas. On va plutôt essayer de trouver une chambre d'hôtel libre», ajoute-t-il.

*H*eureusement que Lucien Bouchard est Premier ministre, parce qu'il se fait tard pour qui veut trouver une chambre d'hôtel à Montréal ou sur la Rive-Sud. Au Ritz-Carlton, par exemple, l'annonce, mardi après-midi, d'un *forfait-panne* à 98 $ la nuit a eu un effet immédiat; une centaine de réservations ont été enregistrées en quelques heures par des familles de Montréal, de l'ouest de l'Île et de la Rive-Sud, tandis que le Reine-Élizabeth et d'autres Auberges des gouverneurs affichent complets. Même son de cloche en Montérégie où les hôtels affichaient un taux d'occupation de plus de 90 %, alors que certains hôtels de la banlieue rapprochée, comme le Holiday Inn et le Motel Canada de Longueuil et le Comfort Inn de Boucherville — où une partie du personnel a dormi sur place — affichent également complet.

Mais cette manne inattendue vaut aussi pour les restaurants qui accueillent les rescapés du verglas comme autant de bénédictions tombées du ciel — enfin, tout au moins pour ceux qui ne sont pas privés d'électricité, qui sont alimentés au gaz ou encore qui ont eu la précaution de munir leur établissement d'une génératrice. À titre d'exemple, la centrale de livraison des rôtisseries Saint-Hubert effectuait, hier, mardi, pas moins de 10 000 livraisons, alors que la moyenne est de 3 000 par jour!

On maugrée, on rouspète, on maudit l'hiver et ses tempêtes imprévisibles; on analyse la situation, on suppute, on évalue le comment et le pourquoi tout cela s'est produit; chacun y va de ses prévisions quant au moment du rétablissement de l'électricité. On fulmine contre ces interminables files d'attente qui se forment pour tout et n'importe quoi. Néanmoins, il faut bien le reconnaître, cela se fait encore dans une atmosphère bon enfant où chacun prend son voisin à témoin de ses déboires... et prête l'oreille à ceux de l'autre. Sous les effets conjugués du temps et des vicissitudes, Montréal et ses villes de banlieue redeviennent autant de villages où chacun est prêt à offrir le coup de main dont l'autre a besoin! Si Hydro-Québec est en panne, les Québécois, eux, ne sont jamais en panne d'entraide et de solidarité.

Parlant d'entraide et de solidarité, je dois une fière chandelle (!) à Michel, mon voisin d'en face. L'histoire n'est pas tellement compliquée, c'est un peu une version moderne et (semi) urbaine de la cigale et la fourmi — et dans laquelle je suis bien involontairement la cigale! La gueule béante et dévorante de mon foyer a fini par épuiser ma réserve de bois, non seulement mon voisin m'en fournit, mais il vient même me le porter à la maison.

J'ai un petit pincement au cœur lorsque l'une de nos voisines, une sympathique et résistante septuagénaire qui, beau temps, mauvais temps, fait quotidiennement quelques longueurs dans le lac dès qu'arrive l'été, quitte sa maison. J'ai tout à coup le sentiment d'une grande désolation et, surtout, l'impression que le coin perd un peu de son âme. Elle ne quitte pas de gaieté de cœur, que cela soit clair, elle était prête à tenir le fort, même si elle n'a pas de poêle à combustion lente ou de foyer, mais son fils — probablement le seul homme auquel j'imagine qu'elle ne pouvait tenir tête (comme toutes les mères, soit dit en passant!) — la convainc qu'il n'est pas *raisonnable* de rester chez elle.

Dans la rue, chacun met la main à la pâte; Claude, le deuxième voisin à la droite de chez nous, tout comme Mario, le troisième voisin de gauche, vont littéralement découper la glace du lac Saint-Louis pour nous faire des points d'alimentation en eau — il faut dire que nous n'avons ni aqueduc, ni tout-à-l'égout. Quant à la municipalité, toujours pas de nouvelles! Ni directement ni indirectement, c'est-à-dire ni par la télévision ni par les stations de radio qui cèdent pourtant volontiers leur temps d'antenne aux maires des municipalités qui souhaitent s'adresser à leurs concitoyens. Ceci dit, il eût été beaucoup plus facile, dans la majorité des cas, d'aller cogner à la porte de la centaine ou du millier de résidences de ces petites municipalités — une *opération* d'à peine quelques heures disent tout ceux qui s'y sont déjà livrés, mais qui n'a certes pas le *glamour* de *passer à la radio*!

Qu'à cela ne tienne, je décide de mettre le cap sur le Centre d'urgence et d'hébergement de Châteauguay que l'on a installé à l'école Saint-Willibrod et qui n'est guère plus loin qu'à trois ou quatre kilomètres de chez moi. C'est que — j'ai oublié de le souligner — un journal m'a demandé quelques papiers d'atmosphère sur la situation qui prévaut sur la Rive-Sud et dans la Montérégie.

À Saint-Willibrod, je rencontre une charmante octo-génaire qui n'en revient tout simplement pas d'avoir passé la nuit dans une classe de maternelle sur un maigre matelas de gymnastique, entourée de dessins d'enfants et de guir-landes de Noël; une délicieuse grand-maman qui ne souhaite rien de plus que de savoir les conditions qui pré-valent dans une municipalité au cœur du triangle «blanc», où sa fille et ses petits-enfants résident et dont elle est tou-jours sans nouvelles; un monsieur, diabétique, qui sourit en me confessant tricher avec son régime; une sympathique maman qui veille sur ses quatre enfants, mais qui s'inquiète déjà pour son chien et sa souris blanche...

«On réussit rapidement à composer avec la situation, m'explique une responsable du Centre. D'ailleurs, l'atmosphère est plus détendue que lors d'une inondation, probablement parce qu'il n'y a pas vraiment de sinistrés, que les dommages sont, somme toute, modestes et que les gens savent qu'ils réintégreront leur domicile à plus ou moins brève échéance. On fournit les repas, le café, on essaie aussi d'occuper chacun du mieux que l'on peut.»

Ce n'est là qu'un exemple de ce à quoi j'ai assisté.

À LaPrairie, à Saint-Constant, à Candiac, à Longueuil, à Saint-Lambert, partout ce même esprit d'entraide, de cohésion, mieux, d'humanité. Et c'est la même chose que je ressens lorsque je m'arrête rue Bannantyne, à Verdun, ou à l'hôtel de ville de LaSalle. Et ce n'est pas différent dans les Centres que la Ville de Montréal a mis sur pied, au centre sportif Claude-Robillard, au Loyola High School, au Centre communautaire du Plateau. Cette impression s'accentue lorsque je mets les pieds au Centre communautaire de loisirs Côte-des-Neiges, peut-être en raison de ce *melting pot* — image concrète de ce que l'on imaginait, dans les années soixante, comme la société idéale—, de gens de toute nationalité, de toute culture, de toute religion, de tout langage se tendant la main. Était-ce si utopique que cela? Devons-nous être victime de cataclysme, de catastrophe ou de tragédie pour atteindre ce nirvana que nous proposait Raymond Lévesque dans sa chanson *Quand les hommes vivront d'amour*?

Si la chaleur humaine n'est jamais en panne et si chacun, à condition de le vouloir — parce qu'il y en a qui se complaisent dans l'embarras et le chaos, même s'il ne semble

Chaque ville et chaque village du sud-ouest du Québec a été le théâtre de telles scènes de désolation.

Lorsqu'on dit que les éléments se sont déchaînés, en voici la preuve manifeste.

La panne de courant nous a ramenés bien des années en arrière,
à l'époque de nos grands-parents qui vivaient sans électricité...

Une passante prudente et sur ses gardes.

En quelques heures, les rues de la métropole sont devenues un véritable parcours semé d'obstacles.

Les fils alourdis par le verglas ont provoqué la chute des transformateurs, plongeant lentement mais inexorablement tous les secteurs de la ville dans l'obscurité.

Eh oui, il y a peu de temps encore se profilait ici une interminable rangée de poteaux soutenant des fils électriques.
Jamais tempête de verglas n'aura eu de telles conséquences.

Les branches de cet arbre qui faisait la joie des résidants,
ajoutant une touche de fraîcheur en été, se sont rompues à la grande tristesse de chacun.

Les poteaux d'Hydro-Québec, qui nous paraissent d'habitude si solides,
semblaient n'avoir été que des fétus de paille sous la force des éléments.

À Montréal, plus de 25 000 arbres ont été abîmés, dans les rues, dans les parcs et sur les propriétés privées. Les cicatrices seront visibles pendant plusieurs années.

Les clichés poétiques de certains de nos photographes contrastent singulièrement avec les images-chocs.

définitivement pas politiquement correct de l'évoquer, surtout à ce moment-ci —, trouve réconfort et aide, les accidents et les incidents abondent, augmentant d'autant le stress que le commun des citadins que nous sommes, en pratique ou en esprit, est en mesure d'assumer.

Certains exemples relèvent de l'anecdote, comme cet homme croisé au dépanneur du coin qui quitte l'endroit avec un sac de victuailles et une caisse de bière et qui revient, à peine quelques minutes plus tard, racheter une caisse de bière, nous racontant, la mine dépitée, qu'il a posé ses achats sur le toit de sa voiture, le temps de déverrouiller sa portière; une fois celle-ci déverrouillée, bien calé au fond de son fauteuil, il a le réflexe normal de faire démarrer sa voiture et de s'en aller chez lui — il a la tête à d'autres problèmes. Adieu, non pas veau, vache et cochon, comme dans la fable de La Fontaine, *Perrette et le pot au lait*, mais adieu pain, sauces, croustilles, Coke et Seven-Up, et bières — les bouteilles de bière se sont fracassées! Ou cet autre, croisé au même dépanneur, qui, pourtant habitué à travailler à l'extérieur dans des conditions difficiles, a oublié une lampe de poche *nec plus ultra* de quelque deux cents dollars, qu'il avait sortie pour s'éclairer en début de soirée, à la station-service où il faisait le plein. Ou cet autre, un ami, plein de bonne volonté, perdant pied, un immense seau d'eau à chaque main!

Chacun, lorsque l'été sera venu et que le temps aura effacé les empreintes les plus douloureuses, aura autant, sinon plus, d'anecdotes à raconter. Mais, pour l'heure, personne n'a nécessairement la tête à rigoler... et, de fait, les accidents et les incidents se multiplient.

D'ailleurs, le bilan fourni à 18 heures par le Service de police de la Communauté urbaine de Montréal fait état d'un accident mortel, de plusieurs incendies, dont deux avec blessés, et de quelques accidents mineurs.

Le plus récent événement rattaché aux conditions climatiques survient en milieu d'après-midi, vers les 15 h 30, quand un homme d'une cinquantaine d'années est mortellement heurté par une souffleuse au moment où il traversait précipitamment la rue, à l'angle des rues Sherbrooke et Cadillac, dans l'est de la ville.

Outre une quantité stupéfiante d'interventions visant à sécuriser des lieux où des fils électriques se font menaçants, on apprend aussi, d'autre part, que d'autres événements sont survenus hier: un incendie, probablement allumé par une chandelle laissée sans surveillance, dans un immeuble de soixante logements situés rue Saint-Grégoire, sur le Plateau Mont-Royal; un autre au CHSLD Champlain, Manoir de Verdun, où une douzaine d'occupants ont dû être relogés aux étages inférieurs. On apprend aussi que les municipalités de Pointe-Claire, Kirkland et Beaconsfield, dans l'ouest de l'Île, ont dû intervenir à pas moins de quatre reprises. Dans un premier cas — un sinistre provoqué par le mauvais fonctionnement d'un foyer — les pompiers sont intervenus juste à temps pour sauver deux personnes âgées qui ont dû être transportées à l'hôpital; dans un second cas, survenu moins de trente minutes plus tard, les pompiers sont appelés à combattre un autre incendie, mais, cette fois, dans une résidence familiale où le verglas a sectionné les fils électriques et provoqué un court-circuit dans le système d'alimentation de la maison. Puis, les pompiers s'affairent à deux autres sinistres causés par des foyers défectueux. Sur la Rive-Sud, la situation est la même.

ℳais tout cela — que les événements nous fassent sourire ou pleurer — ne suffit pas à nous faire oublier que nous ne sommes pas sortis du bois, comme le dit l'expression. Il suffit d'ailleurs de nous brancher sur CKAC pour connaître les dernières nouvelles. Oui, le répit a été de courte durée!

La pluie verglaçante se remet de la partie.

Tout le terrain gagné depuis les dernières heures par les employés d'Hydro-Québec est perdu en quelques heures. De quelque 400 000 abonnés sans électricité en milieu d'après-midi, nous apprenons que nous sommes, en fin de soirée, plus de 700 000, soit environ le même nombre qu'au moment le plus fort, il y a — quoi? — vingt-quatre heures...

C'est que le réseau d'Hydro-Québec s'affaisse littéralement, nombre de pylônes s'effondrant complètement, notamment entre Rougemont et Saint-Césaire, plongeant des centaines d'abonnés dans le noir et provoquant la fermeture de nombreuses routes, que ce soit la 112 ou d'autres de la région. Un carambolage force la fermeture de l'autoroute 40. D'ailleurs, toute la journée, particulièrement en Montérégie, et en soirée, chacun assiste à des fermetures sporadiques des routes et des autoroutes, les bris d'arbres et de fils électriques reprenant de plus belle avec la pluie verglaçante.

Le ministère des Transports procède par ailleurs à la fermeture systématique de toutes les autoroutes de la région métropolitaine pour déglacer les panneaux qui surplombent les voies de circulation, le ministère craignant que la deuxième tempête de verglas — en attendant la troisième — alourdisse trop les structures et provoque leur chute.

Non, non! Qu'on se le dise, nous ne sommes pas au bout de nos peines. L'accalmie, qu'on croyait — ou espérait — laisser présager un retour à la normale à courte échéance est de courte durée. Ce n'est pas tant le vent, le grésil et la pluie verglaçante qui tombent sur nous qui nous inquiètent, mais les prédictions météorologiques! Selon Environnement Canada, l'autorité en la matière — mais qui s'est tout de même fourvoyée au début de ce cycle — entre vingt et trente millimètres de verglas se formeront encore sur les arbres et les fils électriques, au cours des prochaines heures. L'organisme, comme d'ailleurs tout ce qui touche les prédictions météorologiques, MétéoMédia compris, se sont remis à leurs appareils *high-tech* et s'efforcent de nous donner l'heure juste — comme pour se faire pardonner leurs errances des premières heures! On nous prévoit donc un minimum de -1° aujourd'hui, mais non sans souligner que le vent risque de se mettre de la partie, de souffler à environ quarante kilomètres/heure et de provoquer d'autant plus de complications.

Un météorologue d'Environnement Canada coupe avec les tergiversations auxquelles on nous habitue en précisant que le moindre coup de vent — et cela est encore plus vrai avec ces vents de quarante kilomètres/heure qu'on évoque —, avec cinquante millimètres de glace sur les fils et les arbres, comme c'est le cas présentement, peut tout faire tomber. En un mot comme en cent, rien n'est réglé, d'autant plus qu'on annonce de la pluie verglaçante et du grésil jusqu'à samedi et qu'il ne faut s'attendre à aucun réchauffement significatif.

Ces *nerds* d'Environnement Canada, ceux-là qu'on n'écoute justement jamais, ou rarement, nous expliquent avec une simplicité déconcertante que «l'air froid, plus lourd que l'air chaud, se loge dans la vallée du Saint-Laurent, particulièrement propice aux tempêtes de verglas, et que la pluie, formée dans les hauteurs, se transforme en glace au contact du sol.»

De vingt à trente millimètres de pluie verglaçante cette nuit, rien pour alimenter de doux rêves.

Allons! Demain est un autre jour...

Jour 3

JEUDI 8 JANVIER

LE QUÉBEC EN ÉTAT D'ALERTE

ous les matins, nous appuyons sur l'interrupteur, non pas tellement pour voir si le courant n'est pas miraculeusement revenu — on l'entendrait si c'était le cas, le redémarrage du réfrigérateur, de la pompe à eau, de la chaufferette au sous-sol, voire du four à micro-ondes ou du répondeur téléphonique relancerait leurs bruits caractéristiques —, mais plutôt pour narguer le réseau électrique. Ce matin, nous ne le faisons pas. Le moral semble commencer à flancher. Cela se fait de façon plutôt insidieuse, une peu comme une lampe de poche dont la lueur s'atténue à mesure que les piles faiblissent. Au début, c'est à peine perceptible, mais plus le temps passe, plus la clarté s'estompe, plus la noirceur nous enveloppe. La fébrilité des premières heures de la panne, voire du premier jour, fait peu à peu place à l'abattement.

Et pour cause! Difficile de trouver motif à réjouissance lorsqu'on apprend que les conséquences de la tempête ont atteint des sommets dramatiques au cours de la nuit. La trentaine de millimètres de pluie verglaçante tombée a non seulement privé de courant un million d'abonnés, le tiers des abonnés de la province (encore que le chiffre soit trompeur, puisqu'un million d'abonnés signifie, en termes clairs, deux, peut-être trois millions de Québécois), mais aussi, et surtout, endommagé le réseau de transport d'Hydro-Québec. Des trois lignes qui relient la Côte Nord à Montréal, une seule est épargnée par le mauvais temps; la deuxième doit être réparée dans les heures qui viennent, tandis que l'on devra patienter environ deux semaines avant de revoir la dernière reprendre du service puisque celle-ci a été endommagée par la chute de six pylônes. En revanche, les trois lignes de la baie James qui alimentent la boucle qui ceinture la région métropolitaine tiennent le coup. Cette fameuse *ceinture*, toutefois, a subi des avaries importantes qu'on se propose toutefois de réparer aujourd'hui même.

Ceci dit, plus de la moitié des abonnés d'Hydro-Québec qui sont privés d'électricité vivent sur la Rive-Sud et en Montérégie. Pis encore, pour la population habitant dans un triangle formé par St-Jean-sur-Richelieu, Saint-Hyacinthe et Granby, desservi par une ligne de transport menant directement à la centrale de Saint-Césaire — le centre névralgique du réseau dans ce secteur —, c'est le *black-out* quasi total, en raison de l'effondrement des huit pylônes entre Rougemont et Marieville, il y a quarante-huit heures. Cette délimitation vaut d'ailleurs à la région le qualificatif de «triangle blanc», de «triangle noir» et parfois même, de triangle infernal.

L'ensemble du système scolaire de la grande région métropolitaine est complètement paralysé par cette nouvelle panne d'électricité; même les quelques établissements privés qui continuaient encore de fonctionner quasi normalement ont fini par baisser pavillon sous les assauts répétés de Dame Nature. La situation a pris de telles proportions que même au ministère de l'Éducation, personne n'a vraiment idée du nombre d'écoles touchées puisque les décisions sont prises par chacune des différentes commissions scolaires et que leurs sièges administratifs sont... fermés. Que le ministère se fasse rassurant sur l'effet des fermetures d'écoles sur le calendrier scolaire laisse les parents un peu indifférents, eux qui doivent composer avec des problèmes beaucoup plus concrets et urgents.

Il n'y a d'ailleurs pas que le système scolaire qui soit paralysé, les transports le sont aussi. Si aucune annulation ne touche les opérations à l'aéroport de Mirabel, il en va tout autrement à Dorval, où quelque 120 départs sont annulés, tout comme la centaine d'arrivées prévues. Via Rail interrompt ses liaisons ferroviaires à partir de Montréal vers Ottawa, vers Québec et vers Halifax, en raison de la chute de certaines lignes électriques et de l'obstruction des voies. Les autobus Voyageur s'en sortent un peu mieux, les autobus partent à l'heure, mais les arrivées sont très souvent en retard sur l'horaire prévu. Mais qu'on se rassure, nos Glorieux ont fini par se rendre à New York, où ils doivent disputer un match aux Islanders en soirée!

*L*es météorologues — il y a définitivement une préoccupation météorologique en chaque Québécois! — donnent à entendre que «le pire serait passé» et que les conditions atmosphériques devraient s'améliorer dans les prochains jours. Pour l'instant, cependant, la pluie verglaçante mêlée de grésil continue de tomber et, pour les prochaines heures, pour la nuit prochaine, on parle de possibilités d'averses de neige. Le ciel n'a définitivement pas fini de nous tomber sur la tête, au propre comme au figuré!

Le Premier ministre canadien, Jean Chrétien, annonce l'envoi de presque toute la brigade de Valcartier dans la région de Montréal; seul un millier de soldats demeureront à Québec pour répondre aux demandes d'assistance de cette région si le front météorologique devait se déplacer plus à l'est avec son cortège de problèmes.

Aux premières heures, il existe une certaine confusion quant au nombre d'hommes qui seront déployés sur le terrain, mais on apprend finalement que la première unité, forte d'environ 450 militaires, arrivera dans la région de Saint-Hyacinthe vers l'heure du souper et se mettra aussitôt à la disposition des travailleurs d'Hydro-Québec pour s'occuper du dégagement des routes et de l'enlèvement des arbres et des branches, ce qui libérera d'autant les spécialistes de la société d'État. L'arrivée de quelque 3 000 autres soldats à Montréal est prévue pour la nuit; quelques centaines seront déployés sur-le-champ à Montréal et sur la Rive-Sud afin d'offrir le même genre de soutien logistique aux employés d'Hydro-Québec, tandis que le reste des effectifs sera basé à Montréal et se tiendra prêt à aider la Sécurité civile dès qu'elle en fera la demande. «Les Forces armées sont en alerte, prêtes à entrer en action. Nous répondons aux requêtes des provinces, nous n'agissons pas à leur place», précise par ailleurs le Premier ministre.

*L*e Premier ministre du Québec, Lucien Bouchard, et le président d'Hydro-Québec, André Caillé, rencontrent les médias en fin d'après-midi pour dresser le bilan de l'abominable journée qu'a connue le sud-ouest de la province. «Je voudrais remercier les Québécois qui font preuve d'une grande solidarité dans cette épreuve», souligne en guide d'entrée en matière Lucien Bouchard, poursuivant du même souffle: «Il faut bien reconnaître que la météo a aggravé la situation. Mercredi, Hydro avait réussi à réduire le nombre de pannes, mais aujourd'hui, la situation s'est détériorée. C'est une situation sérieuse, sans précédent.»

Le Premier ministre souligne qu'il n'y a pas encore d'engorgement dans l'un ou l'autre des Centres d'hébergement mis sur pied, mais que cela n'empêchait pas les autorités concernées d'étudier la possibilité d'en ouvrir d'autres. «Je vous donne l'assurance que tout ce qui peut être fait est fait», ajoute-t-il.

Le président d'Hydro-Québec commence tout d'abord par remercier la population de sa patience et souligne la détermination des employés de la société d'État, qui travaillent jusqu'à seize heures par jour. Il aborde aussi la question de l'état inquiétant de l'alimentation de l'île de Montréal en provenance de la Côte Nord, mais réfute sans détour les rumeurs d'un *black-out* ou d'un délestage, comme l'a donné à entendre le Réseau de l'information en après-midi. «Une telle manœuvre serait inutile, souligne-t-il, car le problème n'en est pas un de puissance du courant, mais de distribution.»

De fait, les Centres d'hébergement d'urgence mis à la disposition des personnes sinistrées ne cessent de se multiplier à Montréal, sur la Rive-Sud, de même qu'en Outaouais. Dans la grande région métropolitaine, une centaine de centres accueillent les citoyens touchés par les pannes d'électricité et, par conséquent, de problèmes de chauffage, tandis qu'on en dénombre près d'une trentaine dans l'Outaouais. Dans l'ensemble du Québec, on parle de 6 000 lits qui sont à la disposition des citoyens. De nouvelles adresses s'ajoutent quasi d'heure en heure, au fur et à mesure que les demandes d'hébergement croissent. À Chambly, pour ne citer qu'un exemple, les demandes, d'une soixantaine qu'elles étaient mardi, passent aujourd'hui à 500 — et c'est partout pareil. Cet accroissement s'explique aisément; d'une part, elle est due à l'afflux des sinistrés des pannes d'électricité les plus récentes et, d'autre part, à celui des sinistrés qui n'en peuvent plus de demeurer chez eux après y avoir passé d'interminables heures, sans chauffage ni électricité.

En soirée, bien vêtus, nous décidons d'aller déambuler dans la rue de notre municipalité, question de faire prendre l'air à notre chienne qui semble encore plus désemparée que nous; je dis «dans la rue» parce que, dans notre secteur, en fait, une seule rue est habitée, une rue au nom bucolique de chemin du Lac Saint-Louis. Elle l'est effectivement, mais en d'autres moments, quand le soleil chauffe doucement par exemple, ou que la lune se reflète sur le lac glacé; quand un petit vent frais glisse doucement d'une rive à l'autre, quand la neige tombe doucement en légers flocons. Quand les (rares) lampadaires éclairent parcimonieusement la route qui serpente au gré du rivage du lac. Curieux, tout de même, qu'il faut que ce soit la perte de ce que l'on a au quotidien qui nous en fasse ressentir toute la beauté. Parce que, ce soir, il n'y a rien de cela, c'est la noirceur, les arbres recroquevillés, leurs branches cassées et gisant éparses; ce sont les lueurs des bougies qui se font de plus en plus rares derrière les fenêtres des maisons qu'on déserte. C'est le froid qui nous glace les os, le froid de la désolation.

En rentrant, après avoir mis quelques autres bûches dans le foyer, je tente bien de me plonger dans la lecture d'un petit livre sympathique — au titre de circonstance — *Vous êtes philosophe sans le savoir!*, mais peine perdue. Comme un héroïnomane ayant besoin de sa *dose*, je remets mes écouteurs pour écouter les dernières nouvelles.

Le sommeil est long à trouver, cette nuit.

Jour 4

VENDREDI 9 JANVIER

DE MAL EN PIS

J'apprends d'autant plus rapidement les premières mauvaises nouvelles de la journée que je me réveille avec les écouteurs du walkman toujours aux oreilles; je n'avais pas senti l'épuisement qui m'avait gagné et qui m'a littéralement fait sombrer dans le sommeil. J'en ai même *oublié* d'aller mettre des bûches dans le foyer! C'est frisquet, est-il nécessaire de le préciser? J'hésite d'ailleurs entre rester plongé sous l'épaisse couche de couvertures et braver la fraîcheur pour aller rallumer le foyer — ma conjointe a tôt fait de décider pour moi!

La situation ne s'est définitivement pas arrangée cette nuit — comme me l'apprend le bulletin d'informations. Le réseau de transport de l'électricité en provenance de la baie James et de la Côte-Nord s'est sérieusement dégradé, et, malgré la demande urgente d'Hydro-Québec de *rationaliser* (sic!) le courant, une panne majeure touche une bonne partie de l'île de Montréal; les quartiers d'Ahuntsic, d'Anjou et de

Villeray, tous les alentours du boulevard Métropolitain, de même que le centre-ville — épargné jusqu'ici — s'ajoutent les uns après les autres à la longue liste des secteurs privés d'électricité. On dit que Hydro-Québec a *brûlé* une de ses lignes de transport en tentant de lui faire supporter une charge trop importante — inutile de rediscuter de la nécessité de cet éventuel *black-out*, qualifié la veille de rumeur par le président d'Hydro-Québec... Au fil des heures, on apprend, plus banalement, que les trois lignes qui ceinturent la métropole sont hors service à la suite de l'effondrement de plus d'une soixantaine de pylônes en Montérégie; une seule des trois lignes de 735 kilovolts de la Manic demeure intacte, malgré l'effondrement d'une trentaine d'autres pylônes. Une autre trentaine s'est aussi effondrée sur la ligne de 315 kilovolts et on n'arrive plus à connaître le nombre de ceux qui sont tombés sur la ligne de 120 kilovolts. Il n'y a pas que les pylônes qui supportent mal le verglas: les antennes de transmission flanchent aussi à leur tour; la station de radio anglophone CJAD cesse de transmettre en avant-midi et la station AM de Radio-Canada connaît des problèmes de transmission, tant et si bien que les deux stations transfèrent leur couverture des événements sur la bande FM; les réseaux de télévision de Radio-Canada, le Réseau de l'Information et CBC connaissent aussi, épisodiquement, des pannes de retransmission. Ce qui pourrait sembler n'être qu'un détail, eu égard à l'affaissement de dizaines et de dizaines de pylônes et de poteaux, reste un coup dur pour les sinistrés qui, tout à coup, sans avertissement, se voient coupés de leur dernier lien avec la *civilisation.*

Tout en faisant appel à deux centrales thermiques, dont celles de Tracy, on réactive d'anciennes lignes entre la Mauricie et Montréal; on cherche à faire de même entre Duvernay et Montréal-Est; on tente également de rétablir la ligne de 120 kilovolts en provenance de Beauharnois. Hydro-Québec tente de sauver à tout prix ce qui reste de Montréal, tout en assurant l'alimentation des hôpitaux.

Dire que tout va mal est un euphémisme, on n'a qu'à penser que les pannes se multiplient à un rythme si affolant que Hydro-Québec n'arrive pas toujours à tenir un compte précis de ses abonnés privés de courant!

De nombreux porte-parole d'Hydro-Québec se succèdent aux diverses émissions d'informations, à la télévision, mais surtout à la radio, pour demander à tous ses clients de la grande région métropolitaine de réduire au strict minimum leur consommation de cette (précieuse!) énergie dont ils disposent encore — ne faisant aucun mystère de la fragilité du réseau de distribution toujours fonctionnel — afin d'aider au rétablissement du courant; la Communauté urbaine de Montréal, tout en assurant que les bassins sont remplis, demande, pour sa part, de réduire la consommation d'eau car la capacité de pompage dans ses usines de filtration Atwater et Jean-Charles-J.-des-Baillets est réduite par les pannes. Le comité d'urgence organise des liaisons avec des distributeurs d'eau pour assurer l'approvisionnement des hôpitaux et des centres pour personnes âgées. Plusieurs villes de la CUM conseillent à la population, à titre de mesure préventive, de faire bouillir l'eau cinq minutes avant de la consommer, car les baisses de débit ont pu faciliter la prolifération de bactéries — les consommateurs se ruent littéralement dans les épiceries pour s'approvisionner en eau embouteillée!

Pour compliquer la situation, six conduites d'eau éclatent, dont une à proximité du quartier général de la police, dans le Vieux-Montréal; rien d'exceptionnel, souligne-t-on au service des communications de la Ville, précisant qu'il se produit une dizaine de bris quotidiennement. Néanmoins, trente camions-citernes restent en attente à l'ancienne carrière Miron au cas où un incendie majeur éclaterait et que les pompiers auraient de la difficulté avec le réseau d'aqueducs.

Quand on dit que rien ne va...

Non seulement les hôtels sont-ils complets, mais 15 000 personnes, dans l'île de Montréal, ont passé la dernière nuit dans des Centres d'hébergement et on en attend encore plus pour cette nuit. Et pour cause, plusieurs centaines de personnes sont peu à peu évacuées vers des Centres d'hébergement, 300 à Anjou, 200 d'une résidence de personnes âgées du Centre-Sud, plusieurs dizaines d'autres dans le quartier Côte-des-Neiges.

La situation n'est guère plus reluisante du côté des hôpitaux; on ne compte plus les pannes qui les frappent, de l'Hôpital Général de Montréal à l'Hôpital pour Enfants, à l'Hôpital Notre-Dame — et la liste est loin d'être complète. Coincés au cœur de la zone la plus durement éprouvée par les pannes, les hôpitaux de la Montérégie sont obligés de réduire leurs services au strict minimum pour ne parer qu'aux urgences, dans ce qui ressemble de plus en plus à une médecine de brousse. Partout, les chirurgies, comme certaines interventions spécialisées qui nécessitent une forte alimentation électrique, sont remises à plus tard; on transforme des cliniques externes pour y mettre des lits et, dans certains cas, des salles de chirurgies mineures sont même transformées en chambres d'hospitalisation.

À Saint-Hyacinthe, un incendie, provoqué par le mauvais fonctionnement d'une génératrice, frappe le quartier général régional d'Hydro-Québec; un déversement d'acide chlorhydrique, causé par un bloc de glace tombé sur un tuyau, survient à l'usine Saputo. Les incidents se multiplient, la tension monte, la situation devient de plus en plus insoutenable.

Partout, dans le «triangle blanc», c'est le chaos.

Il faut dire que l'avalanche de mauvaises nouvelles — les pannes qui se succèdent, les embouteillages, les longues files d'attente partout et nulle part, la pénurie de piles, de bougies et de combustibles —, de même que les changements d'habitudes, les pertes de revenus, de biens, sans compter le sentiment d'impuissance, la préoccupation pour l'*après*, voire la crainte de blessures ou de souffrances, sont autant de stress qui provoquent une fatigue, qui risque de conduire — et on le constate déjà — à une déprime, qui se manifeste par une certaine confusion, une perte d'efficacité, et même des comportements agressifs. Les enfants ne sont pas à l'abri de ces symptômes, et les conséquences ressemblent à celles que vivent leurs parents, auxquelles il faut aussi ajouter agitation, cauchemars et somatisation de certaines maladies.

À Saint-Jean-sur-Richelieu, plus de 2 000 personnes dorment dans une polyvalente; à Granby, où à peine 1 % des 45 000 habitants de la ville a l'électricité, on songe à envoyer, faute d'espace, les réfugiés dans la prison de Waterloo, fermée depuis plusieurs mois. À Châteauguay, devant l'afflux de sinistrés, on décide de déménager les deux Centres d'hébergement à l'école Louis-Philippe-Paré. À Drummondville, Saint-Nicéphore et Candiac, des inondations coupent des routes et plusieurs dizaines de personnes sont évacuées.

C'est à Saint-Jean-sur-Richelieu que la situation se détériore le plus; la grogne devient manifeste parmi les 2 000 pensionnaires, dont très peu ont réussi à dormir plus de quelques heures la nuit dernière, en raison du bruit, du tumulte des nombreux enfants, des ronflements des voisins et des querelles qui éclatent ci et là. D'ailleurs, il ne faut pas être devin pour sentir la tension dans l'école surpeuplée, particulièrement dans les files d'attente pour la cafétéria. Il faut dire que les choses sont loin de tourner rondement; les quatre génératrices qui alimentent la polyvalente suffisent difficilement à la tâche, éclairant faiblement la pénombre et alimentant parcimonieusement le système de ventilation — deux personnes se sont d'ailleurs évanouies la veille en attendant leur repas. Tout cela, c'est sans compter qu'il n'y a pas suffisamment de lits ou de matelas pour tout le monde; des personnes âgées ont même dormi assises sur des chaises la nuit dernière. «On se sent vraiment coupé de tout», dit le maire Myroslaw Smereka, qui ne ménage pourtant pas ses efforts pour tenter d'améliorer la situation. Quelques-uns des 150 à 200 soldats, dépêchés sur place pour seconder Hydro-Québec dans l'enlèvement des branches, cherchent tant bien que mal à mettre un peu d'ordre dans le système plutôt désorganisé.

À l'extérieur, la situation n'est pas plus reluisante; les pompiers de Saint-Jean ont combattu vingt-cinq incendies majeurs causés par des systèmes de chauffage d'appoint et des chandelles, mais ils ne comptent plus le nombre d'interventions mineures. Quant à la police, elle fait appel à la Sûreté du Québec pour assurer la surveillance des rues désertées. Les files d'attente aux quelques stations d'essence toujours ouvertes débordent jusque dans les rues.

Lors de cette quatrième journée de tempête de verglas, un autre problème fait surface, non seulement à Saint-Jean-sur-Richelieu, mais dans toute la Montérégie et même dans de nombreux quartiers de Montréal. Un problème qui pourrait sembler insignifiant en d'autres temps mais qui, en raison des événements, prend une tout autre dimension: les détaillants réussissent difficilement à répondre à la forte demande des consommateurs pour des objets tels que des piles, des lampes de poche, des bougies ou des combustibles de toutes sortes; dans la plupart des endroits, on se retrouve devant des étalages vides — curieux retour des choses en cette ère *high-tech*!

Je pars en quête de piles D — tout en réalisant que l'ordinateur et la télé portative sont de véritables monstres énergivores! — et de bougies; nous avons consumé notre réserve. J'avais pourtant l'impression, que dis-je! la certitude que nos deux douzaines pouvaient durer une éternité. Elles n'auront guère duré plus de vingt-quatre heures. Arrêt au Jean Coutu le plus près, mais voilà, là où l'on est censé trouver de tout — même un ami! —, plus de piles et plus de bougies. Je mets le cap sur le Canadian Tire voisin: les étalages sont à désespérer, rien, moins que rien! Refusant de baisser les bras, et ressassant le vieil adage *À vaincre sans péril, on triomphe sans gloire*, je prends la direction de Montréal, non sans remettre les clés de la maison à mon voisin pour qu'il continue d'alimenter mon foyer en bûches. En plus de me les fournir, voilà qu'il en est rendu à les faire brûler! En revanche, je promets de lui rapporter ce dont il a besoin, piles et petites bonbonnes de propane.

Direction Montréal, peu m'importe ces fermetures de pont qu'on annonce.

Ma conjointe commence à trouver que je déraille!

Peu après midi, plusieurs postes d'alimentation locaux d'Hydro-Québec flanchent, d'autres quartiers et, cette fois, tout le centre-ville, sont plongés dans la pénombre. C'est le désarroi!

D'autant plus que, comme presque tous les commerces et les immeubles à bureaux du centre-ville sont privés en même temps de l'alimentation électrique — sans compter les 40 000 autres résidences dans d'autres quartiers de la ville —, ce sont des milliers de personnes, d'automobilistes spécialement, qui se retrouvent en même temps sur les routes. Inutile de préciser que les autobus sont aussi ralentis par les branches tombées dans les rues, les fils pendant dangereusement près du sol, les voitures immobilisées et les piétons zigzagant à qui mieux-mieux pour éviter... automobiles, autobus, équipements de voirie, bancs de neige et trottoirs glacés! Le retour à la maison, habituellement si bienvenue, se déroule dans des conditions d'autant plus infernales que des milliers de feux de circulation ont également cessé tout aussi soudainement de fonctionner, créant des bouchons monstres, aggravés, peu de temps après, par la fermeture des trois principaux ponts menant à la Rive-Sud.

Après le pont Victoria, fermé toute la journée à cause de l'accumulation de verglas sur sa structure, c'est au tour des ponts Jacques-Cartier et Champlain d'être interdits à la circulation, après que des morceaux de glace de trois pieds de long et de cinq pouces d'épaisseur ont chuté sur la chaussée. Un peu plus tard, on annonce la fermeture du pont Mercier. Le pont-tunnel Louis-Hippolyte-Lafontaine constitue désormais la seule voie d'accès à l'île de Montréal ou à la Rive-Sud.

Mais, même une fois rendu sur la Rive-Sud, l'automobiliste ne profite d'aucun répit: tout — pylônes effondrés, fils dangereux, inondations, voitures en panne — s'est ligué pour compliquer l'accès aux grands axes autoroutiers, transformant le plus court des déplacements en une folle course d'obstacles. Toutes les autoroutes sont d'ailleurs affectées; d'autant plus qu'il faut ajouter la fermeture aussi incontournable qu'aléatoire des voies routières de la grande région métropolitaine; c'est que les équipes du ministère des Transports du Québec continuent de déglacer manuellement le millier de structures et panneaux de signalisation surplombant les autoroutes de la grande région métropolitaine, appelant même, en renfort, des équipes de plusieurs autres régions de la province. La situation, aussi agaçante peut-elle être pour les automobilistes, n'en est pas moins rendue nécessaire en raison de l'accumulation de glace atteignant de 25 à 40 millimètres d'épaisseur et présentant un risque certain en cas de réchauffement de la température.

Si les opérations se poursuivent normalement à l'aéroport de Mirabel, il en est encore — une fois de plus — autrement à l'aéroport de Dorval, où environ 50 % des arrivées et des départs sont annulés. Les choses ne vont guère mieux pour Via Rail qui interrompt ses liaisons ferroviaires entre Montréal et Ottawa, Halifax, Toronto, Québec et Gaspé, de même qu'entre Ottawa et Toronto.

En conférence de presse, le Premier ministre Bouchard annonce que 3 000 nouveaux militaires rejoindront, cette nuit ou demain en matinée, leurs 3 000 collègues qui soutiennent les équipes d'Hydro-Québec et de la Sécurité civile depuis la veille; le nombre d'employés d'Hydro sur le terrain est aussi porté à 4 000. De plus, on apprend que Québec a fait appel à un organisme américain, le Federal Emergency Management Agency, afin d'obtenir les lits, les génératrices et le pétrole qui font si cruellement défaut. «Nous vivons aujourd'hui la journée la plus critique de toute cette affaire», résume Lucien Bouchard, qui annonce aussi sa décision de reporter à plus tard sa participation à Team Canada qui part en mission commerciale en Amérique du Sud.

Seule bonne nouvelle, la météo. Si les prévisions d'Environnement Canada sont exactes, la tempête de verglas qui s'abat sur nous depuis le début de la semaine devrait connaître ses derniers soubresauts cette nuit; demain, la température devrait demeurer autour de zéro dans le sud du Québec, avec un peu de neige par endroits. Ce n'est toutefois pas une raison pour jubiler puisque les autorités ne s'attendent pas au retour à la normale avant plusieurs jours dans la région de Montréal et qu'on ne se risque même pas à prévoir le temps qu'il faudra pour réparer les dégâts en Montérégie. D'ailleurs, le Premier ministre Bouchard et le président de la société d'État, André Caillé, ne cachent pas, en soirée, qu'ils s'attendent au pire, malgré cette météo plutôt encourageante. De fait, plutôt discrètement, des appareils survolent toute la nuit les lignes de transport de la région avec des lecteurs infrarouges afin d'évaluer l'ampleur des dégâts.

Bien entendu, nous nous retrouvons coincés à Montréal; je n'ai définitivement plus assez d'énergie pour affronter une nouvelle fois l'épreuve de l'embouteillage! La sœur de ma conjointe nous héberge. Impossible de demander plus, électricité, chauffage, possibilité de prendre une bonne douche, de boire un café chaud, de dormir dans un lit douillet — oublier la panne d'électricité, les bûches à mettre au foyer, la pénurie d'eau. Mais pourquoi ai-je donc l'impression qu'elle nous nargue lorsqu'elle sort son réchaud à fondue pour le souper?!

Je ne peux m'empêcher de regarder le bulletin d'infos de fin de soirée. Depuis le début de la tempête de verglas, lundi, j'apprends qu'il est tombé de 75 à 85 millimètres de précipitations sur le sud-ouest de la province; à Montréal, c'est 80 millimètres, dont 35 de verglas et 20 de grésil; en Montérégie, 65 millimètres de verglas et 50 de grésil; dans les Basses-Laurentides et les Laurentides, 25 millimètres de verglas et autant de grésil, alors qu'en Estrie, on a eu droit à 25 millimètres de verglas et de 50 à 60 millimètres de pluie.

Jour 5

SAMEDI 10 JANVIER

MONTRÉAL, VILLE RETRANCHÉE

Plus de 2 000 personnes ont encore passé la nuit à la polyvalente de Saint-Jean-sur-Richelieu, où la situation reste critique: les conditions d'hygiène ne sont pas toujours idéales, les gens ont de la difficulté à dormir, de petits problèmes d'intendance surgissent sans cesse. Il faut toutefois reconnaître que le Centre d'hébergement de Saint-Jean est l'un des plus problématiques, sinon le plus problématique et, malgré les critiques dont sont l'objet certains autres Centres d'hébergement, force est de reconnaître que, dans la majorité des cas, les sinistrés sont unanimes et étonnés de l'efficacité de l'organisation et des attentions auxquelles ils ont droit. Il s'y développe d'ailleurs une belle solidarité — cette solidarité que vante maintenant quotidiennement le Premier ministre Bouchard — ; les sinistrés s'entraident, se facilitant la vie au quotidien par de petits gestes, de petites actions. Les uns se chargent de faire la file au comptoir où sont servis les repas, ou de dénicher certains vêtements ou accessoires qui font si cruellement défaut, les autres prêtent main forte aux équipes veillant sur les malades, réconfortent une personne plus soucieuse ou essaient de divertir quelques enfants rassemblés. Partout, les gens œuvrent avec diligence, sans arrêt, jour et nuit.

Certains Centres deviennent même de petits univers fonctionnant en autarcie; les sinistrés y trouvent sans trop de difficultés des lits de camp, des couvertures, de la literie, des repas chauds et même, dans certains cas — comme au Centre d'hébergement de Châteauguay — des douches avec serviettes — il arrive même que l'on fournisse la brosse à dents! Les plus choyés, comme au Centre d'hébergement de Longueuil, profitent d'aires de détente, d'une salle réservée aux amateurs de bingo et même d'une salle de cinéma! «On essaie de faire tout ce qui est en notre possible pour que les gens soient le mieux possible...» me glisse une responsable.

Environ 6 000 militaires sont déployés un peu partout, aidant Hydro-Québec à élaguer les arbres, déblayant les rues ou participant aux secours. On annonce d'ores et déjà que d'autres s'ajouteront au contingent au cours des prochaines heures.

Hydro-Québec a formé trente unités de 120 personnes, précise son président, après un survol des zones les plus affectées en hélicoptère, en compagnie du Premier ministre. «La situation est plus grave que nous le pensions», laisse-t-il tomber. De fait, une centaine de pylônes se sont affaissés sur les plus importantes lignes de transport d'électricité provenant de la Côte-Nord ou ceinturant Montréal, tout comme 200 autres pylônes de puissance inférieure. Plus de 14 000 poteaux de bois sont tombés et des centaines de transformateurs ont littéralement explosé, ce qui complique d'autant la réparation du système de distribution locale. Des lignes de 315 kilovolts alimentant l'île de

Montréal sont endommagées, mais — petite note réconfortante — l'alimentation doit être rétablie à 80 % en fin de soirée. La chute des lignes de 220 kilovolts qui alimentent le poste sensible de Saint-Césaire constitue toutefois le problème le plus épineux. Pour pallier les pannes les plus inquiétantes, des groupes électrogènes sont installés près des Centres d'hébergement et du pétrole — pour les alimenter —, de l'eau et de la nourriture sont stockés en abondance; la Régie régionale de la santé s'apprête à distribuer 100 000 litres d'eau en bouteille dans les hôpitaux.

En attendant, c'est à leurs risques et périls que les piétons s'aventurent dans les rues de Montréal, le redoux faisant fondre la glace. De fait, la circulation demeure très difficile dans la métropole assiégée, jonchée d'autant d'embûches qu'on peut en imaginer, bancs de neige, plaques de glaces, mares d'eau, branches d'arbres, fils électriques coupés; la situation est d'ailleurs telle, dans les rues résidentielles, qui ont été peu ou pas déneigées depuis le début de la tempête, qu'un certain nombre d'entre elles sont carrément fermées à la circulation. Le bilan des dégâts causés aux arbres de la métropole ne cesse de s'alourdir, on parle maintenant d'une vingtaine de milliers d'arbres touchés, dont 7 000 auraient déjà été soignés.

Pourtant, seulement 10 % des rues sont déneigées, ce qui n'est pas sans susciter commentaires et questions: comment il se fait que les rues, non seulement les petites rues de quartier, mais aussi certaines artères principales, ne sont toujours pas déneigées? Le maire Bourque — qui est finalement rentré de Chine hier — explique qu'il «a fallu refaire tout ce qui avait été fait depuis le début de la tempête», passant sous silence le fait que la Ville a préféré ne pas entreprendre le déneigement de la neige tombée la semaine précédente, jugeant que le redoux allait se charger du travail.

Les autorités municipales invitent donc la population à rester chez elle et à dégager le plus possible les rues pour accélérer les travaux; pour ce faire, on met à la disposition des automobilistes certains parcs de stationnement, tels que ceux de la piscine Sophie-Barrat, de l'aréna Michel-Normandin et du centre Alphonse-Desjardins. On envisage également de dégager des places sous le boulevard Métropolitain, et l'on demande aux différents centres commerciaux de laisser les citoyens s'y stationner. De nombreuses villes de la CUM — dont Montréal — demandent l'aide des 1 400 soldats dépêchés dans l'île afin de donner un coup de main pour ramasser les branches et organiser l'hébergement.

Malgré ses airs de ville retranchée, le maire Bourque confie que Montréal pourrait accueillir des sinistrés de la Montérégie dans le cadre de *L'Opération 100 000 lits* au cours des prochains jours. Mais, pour l'heure, la ville doit aussi faire face à des besoins grandissant. Près de 4 800 personnes s'apprêtent à dormir dans l'un ou l'autre des treize Centres d'hébergement mis sur pied — outre le centre sportif Claude-Robillard rouvert depuis hier, une fois l'électricité rétablie en fin d'après-midi, deux autres centres sont ouverts, le centre sportif de l'UQAM et la maison Le Patriarche, dans le Vieux-Montréal. Le comité d'urgence n'en est pas moins à la recherche de nouveaux lieux d'hébergement alimentés au gaz ou au mazout ou encore munis de génératrices assez puissantes. On songe à la Régie des installations olympiques qui pourrait accueillir 5 000 personnes, ou à l'édifice Zellers dont la capacité d'accueil pourrait être de près de 3 000 personnes.

Alors qu'un million de résidants de la Rive-Sud se résignent à passer une ou deux nouvelles semaines sans électricité, le réapprovisionnement de Montréal est loin d'être assuré. Hydro-Québec tente bien de remettre en service une composante majeure de la boucle de 315 kilovolts qui ceinture Montréal, comme on cherche aussi à rétablir une autre ligne entre les postes de Duvernay et Montréal-Est, mais, peu avant minuit, les efforts d'Hydro restent toujours vains. Et pendant que huit hélicoptères patrouillent la région pour dresser l'inventaire des dégâts, toutes les équipes d'Hydro-Québec et celles qui ont été appelées en renfort restent affectées aux opérations d'émondage, de déglaçage et de remise en marche du réseau. Afin d'accélérer la reconstruction de tout le réseau du triangle Saint-Jean, Saint-Hyacinthe et Granby, plus de 30 unités d'intervention composées chacune de 120 personnes travaillent sans relâche.

Bien entendu, tous les ponts de la Rive-Sud, sauf le pont-tunnel Lafontaine, sont encore fermés à la circulation en raison de l'opération de déglaçage des structures qui se révèle plus compliquée que prévue. Si Hydro-Québec espère rétablir le courant avant la fin du week-end dans les résidences et les édifices à bureaux privés d'électricité de Montréal, en attendant le centre-ville reste toujours paralysé. Même la Ligue Nationale de Hockey annonce que la rencontre au Centre Molson, qui devait opposer le Canadien aux Rangers en soirée est annulée et reportée à plus tard — c'est la cinquième fois seulement depuis le début des années cinquante que le Canadien doit annuler un match en raison du mauvais temps.

Petite nouvelle encourageante, un peu après midi toutes les lignes de métro reprennent du service!

$\mathcal{L}$es militaires sont affectés à toutes les tâches de soutien possibles: émondage, élagage, évacuation des gens, déblaiement des chemins, installation de poteaux et surveillance des rues dans 41 localités, mais ils ne suffisent plus à la tâche, même s'ils sont déjà plus de 3 000 à s'activer, essentiellement en Montérégie et dans l'île de Montréal. Pour faire face à la situation, 1 000 réservistes du Québec sont rappelés, de même que cinq mille autres hommes, dont 3 000 doivent arriver ce soir et 2 000 d'ici demain, provenant, entre autres, du Nouveau-Brunswick, de l'Alberta et de divers autres endroits. Les militaires amènent aussi avec eux du matériel, notamment des hélicoptères qui servent aux patrouilles, mais aussi six cantines mobiles qui peuvent servir 6 000 personnes. Une unité médicale de campagne est déjà à pied d'œuvre à la base de Longue-Pointe, où le gymnase a été transformé en centre d'accueil pour plusieurs dizaines de personnes âgées en perte d'autonomie et une unité de communication doit arriver de Kingston afin de faciliter les liaisons en Montérégie.

Au sein des différents corps policiers, on ne ménage pas les efforts. Ainsi, on apprend que la Sûreté du Québec mobilise plus de 1 000 policiers sur la Rive-Sud et en Montérégie pour assurer la surveillance des routes, mais aussi des secteurs désertés par la population. On affecte également un policier à chaque Centre d'hébergement sur le territoire de la Sûreté du Québec. La police de la Communauté urbaine de Montréal n'est pas en reste, elle rappelle ses 4 000 policiers. Tous sont à pied d'œuvre! Cet important déploiement de forces policières et de l'armée semble avoir un effet dissuasif sur les voleurs et les brigands qui chercheraient à profiter de la désorganisation et, de fait, l'objectif semble atteint si l'on se fie au bilan de la police de la Communauté urbaine qui précise que moins de 20 arrestations ont eu lieu la veille sur tout son territoire, alors qu'habituellement un seul poste du centre-ville procède à autant d'arrestations en une seule journée. En Montérégie et en Estrie, on rapporte aussi très peu de cas de pillage ou de vandalisme contre les propriétés désertées.

En revanche, malgré les appels à la prudence avec les systèmes de chauffage d'appoint, le nombre de sinistrés intoxiqués à l'oxyde de carbone augmente dramatiquement. Depuis le début de la tempête, plus d'une centaine de personnes ont dû être traitées, dont deux sont décédées. Chaque jour, on compte pas moins d'une vingtaine de nouveaux cas sérieux.

*L'*approvisionnement en denrées alimentaires et en accessoires de *première nécessité*, piles, bougies, combustibles, bois, continue de faire problème sur la Rive-Sud et en Montérégie, la situation semble moins chaotique à Montréal. Même le problème de l'eau potable semble en voie de se résorber puisque le rétablissement de l'électricité à la station de pompage et de traitement des eaux Atwater permet à la Ville de Montréal de rétablir presque tout son réseau d'aqueducs. Il n'empêche — la prudence étant la mère de la sûreté! — que Montréal continue de demander à sa population de consommer l'eau avec modération, afin de permettre le remplissage de ses réservoirs et le rétablissement complet de la pression dans son réseau d'aqueducs.

Les centres de distribution des grandes chaînes d'alimentation et autres grands magasins sont sur un pied d'alerte; certains magasins sont même approvisionnés par des remorques qui obtiennent des exemptions, leur permettant d'emprunter les ponts de la Rive-Sud interdits à la circulation. Si les chaînes d'alimentation disent ne pas être en rupture de stock en ce qui touche les denrées alimentaires, d'autres commerces reconnaissent l'être en ce qui a trait aux chandelles, aux piles et en combustible.

*P*lusieurs entreprises viennent par ailleurs en aide aux sinistrés; McDonald's, Provigo et Métro-Richelieu, Labrador-

Laurentienne fournissent la nourriture et de l'eau à plusieurs Centres d'hébergement, tandis que d'autres, comme des quincailleries grandes surfaces mettent à la disposition des sinistrés des tonnes de sel déglaçant. D'autres entreprises, comme Bombardier, Nortel, CAE Électronique, la banque Toronto-Dominion transforment leurs locaux en Centre d'hébergement pour leurs employés et leur famille. «Ce n'est pas une question d'image ou de publicité pour McDonald's, mais une simple question d'entraide, de devoir humanitaire et coopératif», souligne la directrice des communications des restaurants, tandis que le responsable des communications chez Provigo parle «d'un effort de guerre, d'un branle-bas de combat...»

Malheureusement, faut-il le souligner, toutes les entreprises ne font pas preuve d'une telle solidarité, d'une telle entraide et le nombre de sinistrés rapportant des cas d'aiglefins augmentant sans remords le prix des objets de première nécessité ne cesse de croître — on entend même parler d'un entrepreneur en bois de chauffage exigeant près de 200 $ la corde de bois, presque trois fois le prix habituel!

*A*u cours d'une conférence de presse qui se tient en soirée, le Premier ministre Bouchard se réjouit que le verglas ait enfin cessé de tomber, ce qui permet, dit-il, à Hydro-Québec de déployer tous les efforts nécessaires à la réparation et à la reconstruction de son réseau lourdement endommagé. André Caillé, précise par ailleurs que le nombre de Québécois sans électricité a été ramené de 1,3 million qu'il était hier soir à environ un million ce soir. Un certain optimisme est de rigueur, on estime que 80 % des abonnés pourraient retrouver le service d'ici trois jours à Montréal, dans l'Outaouais et dans les Laurentides et que 200 000 foyers aux prises avec des problèmes de distribution domestique pourraient être rebranchés d'ici 72 heures sur la Rive-Sud. Mais là s'arrête l'espoir, car là où le réseau est détruit, on prévoit que 400 000 abonnés dans le fameux triangle infernal, normalement alimenté par le poste de Saint-Césaire, en panne totale, devront encore patienter entre une et deux semaines, la raison d'ailleurs pour laquelle Hydro-Québec songe à les raccorder dès que possible au réseau électrique du Vermont. Les autorités s'attendent que de plus en plus de citoyens se réfugient dans les 250 Centres d'hébergement, dont une centaine en Montérégie seulement et, à cet effet, le Conseil des ministres annonce une rencontre extraordinaire à Montréal demain matin. Lucien Bouchard dit que des décrets seront adoptés pour débloquer des fonds d'aide aux sinistrés.

$\mathcal{A}$près que le pont-tunnel Hippolyte-Lafontaine a été le seul à relier Montréal et la Rive-Sud pendant de longues heures, on se décide à rouvrir le pont Mercier, tandis que Jacques-Cartier, Champlain et Victoria restent interdits à la circulation — le déglaçage des structures n'étant pas terminé.

Cela nous permet, à ma conjointe et à moi, de revenir à la maison. Bien sûr, il est difficile de comprendre pourquoi nous choisissons de quitter le havre confortable que constitue l'appartement électrifié et chauffé de ma belle-sœur pour rentrer à la maison où la situation reste inchangée, même nous ne parvenons pas à nous l'expliquer. Rationnellement, je veux dire. La seule chose que nous constatons, c'est que nous tournons en rond, que nous restons figés devant le petit écran à suivre les bulletins d'informations qui ne changent guère d'heure en heure — sinon pour nous déglinguer encore plus le moral quand on voit la capitale américaine jouir d'un temps idyllique, les touristes en t-shirt s'extasier devant les cerisiers en fleurs de la Maison Blanche et les joueurs de hockey en patins à roues alignées filer sur Pennsylvania Avenue. Nous nous sentons autant sinon plus sinistrés que si nous étions à la maison!

Alors, nous décidons de rentrer. Étonnamment, la circulation est plutôt fluide, une quarantaine de minutes à peine et nous sommes rendus. En passant, je n'ai guère trouvé que quelques piles D et quelques bougies qui brûleront avec une rapidité stupéfiante — mais à trois pour 79 cents, peut-on s'attendre à autre chose?

Jour 6

DIMANCHE 11 JANVIER

LE CRI DU CŒUR
DE LUCIEN BOUCHARD

L' arrivée de températures qui chutent sous le point de congélation dès aujourd'hui inquiète au plus haut point la direction de la Sécurité civile. Paralysé par les pannes qui dureront encore au moins deux jours dans les meilleurs cas, Montréal est littéralement immobilisée par la glace qui se reforme dans les rues, compliquant sérieusement le travail de déneigement et de ramassage des branches.

Un certain nombre de foyers retrouvent l'électricité à Montréal; selon les derniers chiffres qu'on communique au compte-gouttes, il y a toutefois encore près de 200 000 abonnés plongés dans le noir et le froid, entre autres à Notre-Dame-de-Grâce, à Outremont, LaSalle, Pierrefonds, Pointe-Claire et d'autres municipalités de l'ouest de l'île. Hydro-Québec prévoit que 80 % d'entre eux devront attendre au moins quarante-huit heures avant que le service ne soit rétabli, tandis que pour les 20 % qui restent, victimes de pannes touchant le réseau de transport et de distribution, l'alimentation pourrait prendre jusqu'à une semaine. Mais

Montréal n'est pas pour autant sortie du bois, et l'expression ne saurait être mieux choisie, puisque le déneigement reste aussi difficile qu'incertain dans les rues résidentielles, encombrées par les branches et les automobiles littéralement figées dans la glace, sans compter que les véhicules de déneigement doivent repasser trois ou quatre fois pour arriver à la briser. Quant aux trottoirs, la plus grande partie d'entre eux ne sont toujours pas déglacés. «Lundi sera chaotique si on ne laisse pas déneiger», prévient Jacques Duchesneau, le chef de police de la CUM et chef des mesures d'urgence, craignant que les flaques d'eau accumulées ne gèlent pendant la nuit. Le mot d'ordre: libérons le centre-ville et prenons garde aux amas de glace qui pendent au-dessus de nos têtes. Si tout va pour le mieux, Montréal assiégée effectuera un retour à la normalité dès demain, dit espérer le maire Bourque, alors que d'autres voix donnent à entendre que les opérations ne seront pas terminées avant... mercredi ou jeudi.

Le président d'Hydro-Québec confie sa déception de n'avoir pu rebrancher dès hier soir des portions significatives de Montréal et de la Rive-Sud immédiate, tel qu'il l'avait donné à entendre hier après-midi. Cette déclaration optimiste avait d'ailleurs fait naître bien des espoirs, qui ont provoqué autant de frustration chez les sinistrés de Montréal, comme de Saint-Hubert, Longueuil, Saint-Lambert et autres villes voisines, qui sont toutes demeurées dans l'obscurité. D'autant plus que de nouvelles pannes surviennent régulièrement, alors que Hydro-Québec tente tant bien que mal de rétablir le courant, notamment en mettant sous tension la ligne de transmission Beauharnois-poste Aqueduc. Une partie du métro est encore privée d'électricité en milieu d'après-midi, alors qu'une nouvelle panne survient dans le sud-ouest de la ville, entraînant la fermeture de deux tronçons; la ligne orange qui sera toujours fermée en fin de soirée entre

Robert Dion, un pomiculteur de Saint-Jean-Baptiste-de-Rouville, dissimulait mal son inquiétude devant l'étendue des dégâts qu'a connus sa propriété.

«Un malheur n'arrive jamais seul», dit le dicton. Madame Thérèse Prince a non seulement été privée d'électricité le mardi 6 janvier, mais elle a aussi été forcée d'évacuer sa résidence de Saint-Nicéphore à cause d'une inondation.

Chacun a vite trouvé de petits trucs pour se faciliter le quotidien.
Monsieur Guy Lévesque, comme des milliers d'autres, a rapidement su tirer profit de son foyer

Le feu dans l'âtre et les innombrables lampes à huile et bougies allumées créaient certes une atmosphère feutrée, mais il s'en trouvait peu pour en goûter la douceur...

Pendant toute cette période difficile, monsieur Ouellette était responsable de la cuisine au collège militaire de Saint-Jean. Lui et la quinzaine de bénévoles qui le secondaient n'ont guère eu de répit.

Épuisées, abattues, des milliers de personnes ont trouvé refuge dans les différents centres d'hébergement mis sur pied à la hâte; si, pour certains, l'expérience s'est révélée heureuse, pour d'autres elle a été difficile, très difficile même...

Au collège militaire de Saint-Jean, même si le climat n'a pas été toujours facile, chacun s'est fait un petit nid.

Chez les Lévesque, à Saint-Jean-sur-Richelieu, on a accueilli quelques amis; contre mauvaise fortune, on fait ut bon cœur.

Cette petite fille ne se rappellera sans doute pas ses premiers jours, mais ses parents auront tôt fait de les lui raconter!

On évalue encore mal les pertes qu'ont subies les agriculteurs du sud-ouest. Ces images sont néanmoins révélatrices. Monsieur Léo Lambert a perdu 20 000 poules et l'un des silos de monsieur Léo Normandin (encadré) a subi d'importants dommages.

Scène de désolation à Saint-Jean-sur-Richelieu. Les images se passent de tout commentaire.

Des fils électriques qui cédaient sous le verglas, des poteaux qui cassaient, des pylônes qui ployaient. De mémoire d'homme, personne ne se souvient d'une telle tragédie, pas même les équipes de secours.

Certains semblaient ne pas faire de cas de cette tragédie. Pourtant, des images évocatrices comme celle de cet homme, sac à la main, couverture et chaise dans l'autre, marchant prudemment, perdu dans ses réflexions, montraient l'ampleur du drame que chacun vivait.

S'il y a des héros, dans cette tragédie, ce sont indéniablement ces monteurs de lignes d'Hydro-Québec qui ont maintenu un rythme infernal de travail, malgré le froid, le verglas et la neige.

C'est une véritable catastrophe pour
le parc du Mont-Royal,
les blessures qu'ont subies les arbres
de ce véritable poumon de la métropole
seront visibles pendant
des années

Animaux de ferme et de compagnie ont souffert des affres de cette crise;
les premiers ont dû composer avec une température glaciale,
les autres avec un dépaysement aussi brutal qu'inattendu.

Certains se sont mis à la tâche dès la première accalmie;
il faut dire que ce n'est pas le travail qui manquait...

La glace était si solide, si difficile à ôter que certains n'hésitaient
pas à employer des méthodes pour le moins peu orthodoxes...

Bonaventure et Snowdon, de même que la ligne verte entre Angrignon et Atwater. Des autobus prennent la relève, mais, tout comme les autres circuits qui fonctionnent toujours, leur tâche n'est pas facile, en raison des branches et de la neige qui obstruent les rues et qui les obligent à modifier leurs parcours.

Loin de nous rassurer, les porte-parole d'Hydro-Québec nous disent sans détour que des phénomènes semblables risquent à nouveau de se produire au cours des prochaines heures et même des prochains jours: «Le réseau reste très fragile, expliquent-ils. On peut le déséquilibrer si on le réalimente alors que les lignes ne sont pas prêtes.» En conséquence, même si l'électricité revient dans certains foyers, cela ne signifie pas qu'elle y restera!

On n'a d'ailleurs jamais entendu autant de personnes, sur les lignes ouvertes, maugréer contre les décorations de Noël de leurs voisins qui ne sont pas privés d'électricité — même les animateurs cèdent à l'impatience ambiante!

J'ai comme la curieuse impression de revivre l'époque que ma mère me contait — et me conte encore à l'occasion! —, alors que, toute jeune, sa famille était partie s'installer dans la vallée de la Matapédia, où le gouvernement offrait des terres à qui acceptait de s'y installer. Le froid qui mordait, les nuits qui tombaient tôt, le poêle qui devait être constamment alimenté, l'eau qu'il fallait aller chercher à la source: «Vous ne pouvez pas imaginer ce que c'était», concluait-elle immanquablement.

Je reconnais aujourd'hui volontiers qu'elle avait raison.

J'ai peine à établir la liste des priorités, d'ailleurs tous ceux qui auront vécu le même genre de situation vous parleront de ce sentiment d'avoir perdu toute notion du temps et de l'importance des choses, de ce *no man's land* dans lequel ils ont eu l'impression de se retrouver. Entre les bûches à mettre au foyer, à l'eau à aller chercher dans le lac, aux arbres à tenter de déglacer, aux courses quotidiennes au dépanneur du coin, à la pharmacie Jean Coutu et autres Canadian Tire, à l'écoute de la radio — qui devient une véritable obsession —, non seulement, ai-je peine à me concentrer sur ce que j'écris, mais je me demande même si cela en vaut le coup!

J'essaie néanmoins de nous créer une routine, car il me semble avoir déjà lu, quelque part, que la façon la plus facile de passer au travers le genre de situations auxquelles nous ne sommes pas préparés est justement de se créer des gestes, des moments, une *routine*, et de les répéter. Je m'oblige à faire du rangement dans mon bureau, ma conjointe vide le réfrigérateur et le congélateur, emplissant un plein sac-poubelle de pièces de viande, de saumon fumé, de crevettes et de petits pots de sauce — incroyable tout de même tout ce qu'on accumule dans un simple réfrigérateur! C'est l'assureur qui ne sera pas heureux! Au moment où nous semblons avoir un regain d'énergie, paf! c'est la déprime. Les discussions interminables, les prises de bec. La tristesse.

Allez! Sortons, allons au restaurant, il s'en trouvera bien un qui a de l'électricité.

Comble de malchance, le seul que nous dénichons, le Rustik de Châteauguay, a de telles installations de fortune que les langoustines que nous commandons goûtent les émanations de combustible de la génératrice qui permet de faire fonctionner le restaurant. Pire, la seule chose qui ne soit pas froide, c'est la bouteille de Muscadet qu'on nous sert!

Près d'un million d'abonnés sont toujours privés d'électricité. Pour loger les sinistrés, quelque 125 centres sont ouverts à la population de la Montérégie. Jusqu'à aujourd'hui, près de 5 000 personnes ont couché dans l'un ou l'autre de ces centres et près de 15 000 les ont fréquentés, pour y prendre un repas, ou une douche, ou simplement pour y passer quelques heures — encore qu'on estime tous ces chiffres fort conservateurs.

Les conditions d'hébergement sont de plus en plus difficiles, particulièrement dans ce qu'il convient désormais d'appeler le triangle infernal — un qualificatif qui n'a jamais été aussi juste. Le confort et les services sanitaires réduits au strict minimum, de même que la promiscuité forcée et toutes les conséquences que cela entraîne, commencent à peser de plus en plus lourd sur les épaules des sinistrés qui se montrent de plus en plus irritables, voire irascibles. Il faut dire que, dans bien des cas, ils sont, pour ainsi dire, laissés à eux-mêmes. Certains sinistrés expriment d'ailleurs ouvertement leur exaspération, déplorant les conséquences de leur situation: manque de confort, de nourriture, d'hygiène élémentaire; manque de sommeil, promiscuité forcée. Ce qui n'est pas sans présager pis encore, étant donné que le réseau électrique ne sera vraisemblablement pas reconstruit avant une quinzaine de jours, on ne parle plus de risque de voir le nombre de sinistrés augmenter, mais bien de probabilité.

Le gouvernement indique toutefois qu'il redouble d'effort afin de faciliter l'approvisionnement; près de 1 500 soldats supplémentaires arrivent d'ailleurs à Mirabel, à bord d'avions militaires transportant également des génératrices, des couvertures et des lits. On reste tout de même loin de ces 150 000 lits demandés aux autorités américaines et dont on n'a toujours pas vu trace...

En raison de la situation qui risque de perdurer, c'est un véritable cri du cœur que le Premier ministre Lucien

Bouchard lance, en invitant les citoyens qui disposent toujours d'électricité à accueillir les personnes les plus durement touchées par le sinistre avant que le froid ne s'installe. Cet appel à la générosité, précise-t-il, fort conscient de la situation littéralement dramatique qui prévaut en plusieurs endroits, et plus spécifiquement dans le triangle infernal, doit réussir à convaincre ceux et celles qui ne sont pas encore résignés à quitter leur résidence, même s'ils risquent d'être privés de courant et de chauffage pour plus d'une semaine. Pour faciliter les opérations, le gouvernement annonce qu'il s'apprête à mettre sur pied une ligne téléphonique d'urgence, le 1-800-636-AIDE, où les personnes qui sont disposées à accueillir des familles sinistrées peuvent appeler pour offrir leur aide à compter de 9 h demain matin; les résidants dans le besoin pourront également y avoir recours afin de trouver un logement temporaire. Le Premier ministre annonce aussi que chaque sinistré recevra une compensation financière de 70 $ par semaine, une somme modeste de son propre aveu, mais qui sera allouée avec célérité.

Le nombre des abonnés privés d'électricité n'a guère changé, des bris imprévus sur le système de transport alimentant l'île de Montréal empêchent Hydro-Québec d'atteindre l'objectif déclaré pour la journée, soit 800 000. Cela n'empêche pas André Caillé de déclarer que les choses progressent «d'excellente façon». Il n'en demande pas moins que les commerces et les entreprises situés dans le centre-ville de Montréal gardent leurs portes fermées demain, afin de faciliter les travaux.

Aussitôt après la conférence de presse du premier ministre et du président d'Hydro-Québec, plusieurs entreprises, dont Domtar, Ultramar et Petro-Canada, annoncent qu'elles acquiescent à la demande qui a été formulée et qu'elles garderont leurs bureaux du centre-ville fermés — même les brasseries Molson interrompent la production de bière au centre-ville!

On ne s'attend pas vraiment à connaître une situation embellie, tout au plus espère-t-on qu'elle ne se dégrade pas. On en est presque à se croiser les doigts, d'autant plus que les ennuis et les problèmes de santé pourraient se multiplier au cours des prochains jours puisque Environnement Canada prévoit des températures plus froides jusqu'à jeudi, le mercure devant osciller entre -5° et -15° C. Question de compliquer un peu plus la situation, on attend dix centimètres de neige au cours des prochaines heures, peut-être lundi en fin de soirée, ou mardi. Des prévisions qui ne font guère sourire les 15 000 sinistrés réfugiés dans les Centres d'hébergement — en passant, j'apprends, par le bouche à oreille, qu'à la suite d'appels répétés des responsables du Centre d'hébergement de Châteauguay, notre petite ville de Léry a enfin, depuis hier ou est-ce avant-hier?, le sien à l'hôtel-de-ville.

Jour 7

LUNDI 12 JANVIER

UNE SEMAINE!

On finit par s'habituer à tout! Certes, les nuits sont courtes, mais je me rattrape en après-midi en faisant une sieste! Sinon, j'occupe le quotidien par les tâches *essentielles*, alimenter le foyer, aller chercher de l'eau, passer à la Pharmacie Jean Coutu, au Canadian Tire et quoi d'autre encore d'aussi banal...

En dépit des appels répétés de parents et d'amis qui nous offrent de nous héberger, nous campons sur nos positions et... à la maison! Ce qui ne signifie pas, loin de là, que je n'accepte pas quelques invitations ponctuelles. Depuis le milieu de la semaine dernière, par exemple, nous allons prendre notre douche chez ma mère, qui nous prépare aussi à manger. Elle voudrait, elle aussi, que nous restions à dormir, mais elle se bute à mon entêtement, entêtement que je n'arrive d'ailleurs pas à m'expliquer. Les dégâts qui pourraient survenir me laissent plutôt froids et, en surviendrait-il, que mes faibles habiletés en bricolage ne seraient pas d'une grande utilité. J'ai tout juste un **marteau,** un tournevis et une clé à mollette dans mon coffre à **outils,** dont j'ai par ailleurs une certaine difficulté à me servir! Les tuyaux gelés? Un plombier résoudrait le problème en quelques minutes. Un toit qui fuit? Un entrepreneur réglerait la situation sans peine. Et les assurances paieraient. Et puis, honnêtement, je ne crains pas vraiment que quoi que ce soit se produise; en raison de sa situation sur le bord du lac, j'imagine sans peine que la maison, construite il y a une quarantaine d'années, a déjà dû affronter des situations bien pires — et elle est toujours là, comme un bâtiment à l'ancre qui refuse obstinément de prendre le large.

Alors, pourquoi? Pourquoi cet entêtement? Un psy me serait bien utile, quoi qu'il n'arriverait sûrement pas, lui non plus, à me faire changer d'idée. D'autant plus que, selon la prédiction que j'ai faite à ma blonde au cours du week-end, l'électricité nous sera rendue demain!

*P*endant ce temps, le Premier ministre Lucien Bouchard exhorte les citoyens qui n'ont plus d'électricité et de chauffage d'appoint à quitter leur résidence et à chercher refuge chez des parents, des amis ou encore dans un Centre d'hébergement. Et pour cause, au moins douze personnes sont mortes, depuis lundi dernier, à cause des conséquences de la tempête de verglas et il s'agit là d'un chiffre appelé à s'accroître, ne serait-ce que parce qu'au moins deux autres personnes seraient mortes de froid à Montréal et que la vie d'une autre, brûlée à la suite d'un incendie, ne tiendrait qu'à un fil. La majorité de ces décès est attribuable à l'inhalation d'oxyde de carbone, une chandelle est responsable de deux autres, tandis qu'une personne a été victime d'hypothermie. La surchauffe d'un foyer, la chute d'un pylône, la chute de morceaux de glace et un accident mettant en cause une souffleuse à neige sont responsables des autres morts. Selon un scénario imaginable, même si les policiers tentent de cogner à toutes les portes pour éviter qu'il ne se concrétise, il pourrait aussi arriver qu'on retrouve des cadavres dans des logements habités, par exemple, par des personnes âgées dont personne ne s'est préoccupé, expliquent les policiers. D'où l'appel pressant du Premier ministre, qui promet par ailleurs la mise sur pied d'autres centres dans le secteur de ce fameux triangle formé par les villes de Saint-Jean-sur-Richelieu, de Saint-Hyacinthe et de Granby.

Une semaine après le début de la panne, plus de 300 000 abonnés d'une centaine de municipalités apprennent qu'ils seront encore privés de courant pendant plus d'une semaine, et certains le seront encore probablement pour deux semaines supplémentaires. Parmi les villes les plus susceptibles d'avoir à attendre l'échéance la plus lointaine, il y a bien sûr Saint-Jean-sur-Richelieu, Saint-Hyacinthe et Granby, mais aussi des villages situés près de la frontière américaine. La situation de ces villes et villages contraste d'ailleurs singulièrement avec celle du reste de la province, qui s'est clairement améliorée. Dans l'île de Montréal, par exemple, Hydro-Québec a rebranché, en début de nuit, près de 70 % de ses abonnés victimes de pannes. Néanmoins, le réseau reste fragile.

La majorité des entreprises et des commerces respecte d'ailleurs la consigne de fermeture du centre-ville de Montréal, ce qui n'est d'ailleurs pas sans donner à la métropole des airs de cité interdite. Rarement aura-t-on vu Montréal aussi désertée, jamais n'aura-t-on ressenti une atmosphère aussi lugubre, désolante. Quelques automobilistes s'y risquent bien — par curiosité? — et quelques passants pressent le pas çà et là, mais ce sont surtout les militaires et les déneigeuses qui s'affairent à nettoyer les édifices, les rues et les trottoirs qui retiennent notre attention. La consigne qui s'applique aujourd'hui est encore de mise pour demain et mercredi, car l'alimentation, on nous le rappelle sans cesse, ne tient qu'à un fil. Il ne s'agit pas ici d'une image, mais d'un fil, d'une ligne de 315 kilovolts qui a pu être rétablie entre la Rive-Sud et Montréal. À cette période de l'année, alors qu'une puissance de 6 800 mégawatts est normalement nécessaire au bon fonctionnement de l'île, elle n'est environ que de 4 800 mégawatts, ce qui oblige naturellement Hydro-Québec à répartir le courant de façon cyclique sur une bonne partie du territoire — une façon discrète de dire que les abonnés sont privés de courant à intervalles réguliers, quoique pour des périodes relativement courtes, afin que la société d'État puisse approvisionner d'autres quartiers.

Qu'on ne s'y méprenne pas: le rétablissement complet du réseau d'Hydro-Québec ne se fera pas en quelques heures, d'autant plus que la très grande majorité des lignes de transport à haute tension qui ceinturent l'île sont presque toutes inopérantes: 150 pylônes sont tombés sur les lignes de 735 kilovolts, une quarantaine sur les lignes de 315 kilovolts, une quinzaine sur les lignes de 230 kilovolts qui relient Boucherville et Saint-Césaire, et des centaines sur les autres lignes de 120 kilovolts. À cette avalanche de chiffres qui prend une allure de cauchemar, il faut ajouter que 24 000 poteaux de bois se sont cassés ou se sont abattus. Les lignes partant de la centrale de Beauharnois ont aussi été coupées. Des équipes tentent actuellement de rebâtir la ligne entre cette centrale et un poste de l'ouest de l'île de Montréal en utilisant une technologie inédite: la mise en place de conducteurs par les airs, à l'aide d'hélicoptères!

La principale zone qui reste et restera en panne encore pendant une ou deux semaines se situe, bien sûr, dans le fameux triangle blanc, dont le poste névralgique de Saint-

Césaire, qui alimente la Montérégie, n'est plus alimenté depuis le début du verglas, la semaine dernière.

De nouveaux centres sont installés dans les zones sinistrées concernées par le décret; une grande partie des sinistrés, après n'avoir eu d'autre choix que de quitter leur résidence, se refusent à trop s'éloigner de leurs villes ou villages, inquiets de ce qui pourrait se passer chez eux. Pour les rassurer, les forces policières multiplient les patrouilles — plus de 400 policiers de la Communauté urbaine de Montréal offrent leur aide aux services policiers de la Montérégie.

Pour mieux assurer la sécurité de la population privée de courant, le Premier ministre Bouchard demande à Ottawa d'investir les militaires des pouvoirs d'agent de la paix, ce qui signifie, en clair, que les 8 000 soldats actuellement déployés sur le territoire pourraient procéder à l'arrestation d'individus ou encore forcer les gens à sortir de leur domicile. «Mais ça va se faire sans arme», souligne le premier ministre, en précisant que les militaires stationnés sur la Rive-Sud et dans la Montérégie seraient probablement les plus susceptibles de recourir à ces mesures exceptionnelles.

Mais les forces policières demeurent également en état d'alerte, ce qui signifie que les agents peuvent avoir recours à «des pouvoirs exceptionnels», lesquels pourraient essentiellement se traduire par la relocalisation forcée des personnes qui ne veulent pas déménager de leur logement et qui sont en danger. Dans la majorité des cas, on les retrouve souffrant d'hypothermie, risquant l'intoxication à l'oxyde de carbone ou la surchauffe de foyer. Les policiers, comme les militaires, notent aussi des installations de fortune qui risquent de provoquer de véritables tragédies.

$\mathcal{L}$e nombre de sinistrés aux Centres d'hébergement de la Rive-Sud — Brossard, Saint-Lambert, Longueuil et Boucherville

— n'a pas beaucoup diminué, même si Hydro-Québec annonce que de nombreux clients ont été rebranchés sur la Rive-Sud, à Brossard notamment. Pourtant, sur le terrain, à peine 20 % des abonnés de la municipalité ont de l'électricité. Hydro précise: «L'électricité est effectivement disponible, mais les poteaux et les fils qui desservent les maisons ne sont toujours pas réparés».

Cette annonce prématurée a pour effet de créer beaucoup d'espoir chez les sinistrés; certains plient bagages pour rentrer chez eux, mais ils arrivent dans une maison toujours plongée dans l'obscurité. C'est la déception — et le retour aux Centres d'urgence. «Bien des gens qui communiquent avec nous par téléphone refusent de nous croire quand nous leur disons que l'électricité n'est pas encore là parce qu'ils ont entendu le contraire à la télévision. Tout ça cause nombre de déplacements inutiles», soulignent certains responsables. À Saint-Lambert, quelque 400 places sont ajoutées aux 700 déjà disponibles; à Longueuil, même si 50 % des abonnés retrouvent l'électricité, les autorités municipales attendent encore plus de 2 000 personnes à leur Centre d'hébergement; à Boucherville, où seulement 10 % des abonnés sont rebranchés, le nombre de réfugiés frôle le millier.

Des quantités importantes de bois de chauffage sont acheminées dans le triangle infernal, mais des besoins criants se font encore sentir, notamment à Granby et à Saint-Hyacinthe. Le téléphone manque aussi cruellement à plusieurs, car même si, en deux jours, Bell a réussi à rebrancher 50 000 abonnés, il en reste toujours plus de 20 000 privés de communication.

$\mathcal{L}$e bois de chauffage commence aussi à constituer un problème épineux. Hier, j'ai oublié de le dire, je m'y suis consacré. J'ai téléphoné à l'une de mes sœurs, dans Lotbinière, pour qu'elle me trouve quelques cordes de bois que les voisins et moi pourrions nous partager. En quelques heures, le problème était réglé: elle m'avait non seulement déniché onze cordes de bois sec, mais quelqu'un pour venir me les livrer, un membre d'un club Optimiste de sa région, retraité au grand cœur. Il est censé me le livrer en après-midi. Nous avons recommencé à respirer.

Et patatras! en fin d'avant-midi, le téléphone sonne: le type du club Optimiste a changé d'idée. Je le retiens celui-là!

Mon voisin Michel me nargue, j'ai peine à contenir ma mauvaise humeur. Mais il m'annonce qu'il a téléphoné à la municipalité et que celle-ci nous donne une vingtaine de bûches par résidence. Nous nous y rendons donc sans tarder. En remplissant les formalités d'usage, je vois un voisin, non seulement alimenté par une génératrice, mais qui n'a pas de foyer chez lui, essayer de se faire remettre quarante bûches — qu'en fera-t-il donc?

Je fais un arrêt au Centre d'hébergement qu'on a installé à l'hôtel de ville, où une quarantaine de personnes se sont réfugiées. Je ne sais trop quoi en penser, moins encore quoi en dire, sinon que ceux qui sont les plus efficaces sont ceux que l'on voit le moins. Deux conseillers municipaux, deux *conseillères municipales* serait-il plus juste de dire, madame Vincter et Anne-Marie Langelier, que je ne connais que de vue, agissent avec autant d'efficacité que de discrétion, ce qui n'est pas le cas pour tous. Mais j'imagine que le même manège se produit dans toutes les petites municipalités...

Cela n'empêche pas la centrale téléphonique de l'opération Solidarité-hébergement, de susciter et de connaître une réponse aussi soudaine qu'imprévisible. Rappelons que cette opération est mise en place à la suite des mesures annoncées par le Premier ministre, Lucien Bouchard, pour venir en aide aux sinistrées et pour limiter le recours aux Centres d'hébergement de la Montérégie ou d'ailleurs par des gens qui ne pourront recouvrer l'électricité avant plusieurs semaines. L'opération a tant de succès, d'ailleurs, qu'en milieu d'après-midi on a reçu près de 6 000 appels. Ceux-ci proviennent de toutes les régions du Québec sans exception — des résidants de la Côte-Nord proposent non seulement l'hébergement à une famille, mais même de défrayer le prix des billets d'avion. Certes, les responsables du programme de jumelage ont l'intention de loger les familles sinistrées le plus près possible de chez eux, mais toutes les offres sont néanmoins prises en considération. Si certaines demandes sont simplement pathétiques — des gens découragés, exaspérés, qui sentent qu'ils ne pourront pas supporter plus longtemps de vivre dans les refuges —, la réponse de la part des sinistrés est plutôt faible. Si bien que sur une quinzaine d'offres d'hébergement, on recense seulement une demande pour obtenir un toit de la part de sinistrés dans les Centres d'hébergement ou de personnes coincées dans leur maison privée de chauffage et de lumière. La plupart des sinistrés ne semblent pas encore prêts à quitter non seulement leur région, mais même, dans certains cas, leur maison. Il reste un travail considérable à faire.

Après l'ouverture des ponts Champlain et Mercier, on rouvre le pont Jacques-Cartier et seul le pont Victoria demeure fermé, néanmoins l'accès à l'île de Montréal s'améliore de façon significative, même si, à la demande d'Hydro-Québec, tous les bureaux des gouvernements provinciaux et fédéraux, de même que les commerces et les entreprises du centre-ville restent fermés une journée de plus. Le nettoyage des rues se poursuit — on est loin d'avoir atteint les objectifs que le maire Bourque avait annoncés hier. Certes, le centre-ville est maintenant à peu près libre, mais toutes les rues sont loin d'être déblayées et le chargement de la neige n'est terminé qu'à 50 %.

Dans les hôpitaux, la situation s'améliore aussi lentement, non seulement à Montréal, où le retour de l'électricité permet aux établissements hospitaliers de renvoyer chez eux un certain nombre de patients hospitalisés, mais aussi en Montérégie, où les admissions se stabilisent et le transfert de patients, notamment à l'hôpital de Saint-Jean-sur-Richelieu, permet ce qu'on qualifie de *désengorgement partiel* de l'établissement.

Côté hébergement, sept des centres de Montréal sont remplis à pleine capacité; près de 5 000 personnes sont réfugiées dans l'un ou l'autre des dix-sept centres mis sur pied dans la métropole au cours des derniers jours. Ce ne sera pas de trop, car Environnement Canada prévoit que le mercure va descendre sous la barre des -10° C, peut-être même -15° et cela, c'est sans tenir compte du fameux facteur éolien que tous les Québécois connaissent bien!

Si la situation difficile permet de faire ressortir le meilleur de l'homme — comme le disent certains — et donne lieu à de belles histoires, à des exemples de solidarité, d'entraide et provoque une grande cohésion sociale et humaine, la nature humaine se manifeste aussi sous d'autres aspects moins heureux. Jamais l'adage «L'argent n'a pas d'odeur» n'aura trouvé d'exemples aussi probants, car certaines entreprises et même certains particuliers profitent sans vergogne de la crise actuelle et de la situation difficile que vivent les autres pour hausser indûment leurs prix ou leurs tarifs et tirer profit de leur malheur.

Parmi les abus signalés jusqu'à présent, la hausse des prix de l'essence dans certains garages — on aurait haussé le prix du litre d'essence jusqu'à 90 cents à certains endroits —, les cordes de bois qui se vendent à prix abusif, cent, cent cinquante, voire deux cents dollars; des dépanneurs qui haussent leurs prix pour les piles, les bougies et le bois d'allumage et des quincailleries qui font de même. Devant le comportement abusif de ces commerçants, qu'elle dénonce avec véhémence, l'Association des consommateurs du Québec invite le public à lui communiquer le nom de tous ceux qui profitent de manière éhontée du malheur des autres. La conseillère juridique de l'Association précise que celle-ci entend prendre les mesures appropriées auprès des instances concernées telles que l'Office de la protection du consommateur et le Bureau d'éthique commerciale afin que certains mécanismes dissuasifs soient mis en place de façon à empêcher ce type d'abus.

Mais ce n'est pas encore le pire. Matthias Rioux, le ministre du Travail, souligne avec agacement que certains employeurs menacent de congédier certains de leurs employés, particulièrement de la Montérégie, parce qu'ils ne peuvent se présenter au travail. Le ministre n'est pas en mesure de préciser qui sont ces employeurs impitoyables, sans doute parce que les employés qui en sont victimes refusent de dévoiler leurs noms de peur de représailles. «La compassion ne devrait pas avoir besoin d'une loi pour s'exprimer, mais si cela est nécessaire, nous agirons», dit le ministre qui précise toutefois qu'il s'agit de cas très isolés.

En revanche, d'autres font tout ce qui est en leur pouvoir pour mettre un baume au cœur des sinistrés. À l'initiative de Gaston L'Heureux et avec le soutien du réseau de télévision TVA, une soixantaine de personnalités du monde artistique se regroupent et se rendent dans les deux Centres d'hébergement de Brossard, de même qu'à ceux de Boucherville, Chambly, Saint-Rémi et LaSalle. Parmi les artistes qui participent à cette tournée impromptue, Luc de

Larochellière, Paul Piché, Dubmatique, Luck Merville, Marie-Denise Pelletier, René et Nathalie Simard et bien d'autres encore. On assiste même à la réunion des ex-membres de Beau Dommage!

On évoque déjà depuis quelques jours les coûts de ce sinistre, mais les chiffres grossissent jour après jour. Les assureurs aiguisent leurs crayons et se disent prêts à faire preuve de compassion et à faciliter les réclamations — il faudra voir au cours des prochains jours et des prochaines semaines ce qu'il en sera vraiment. Cependant, au-delà des pertes des sinistrés, d'autres pertes sont plus substantielles, celles des municipalités et d'Hydro-Québec.

Le président du Conseil du Trésor, Marcel Massé, assure qu'Ottawa assumera une partie des coûts de la tempête de verglas au Québec, tout comme en Ontario d'ailleurs — des dommages déjà évalués à plus d'un demi-milliard de dollars. Bien sûr, cette somme ne comprend pas les dommages subis par Hydro-Québec, qui n'est pas couvert par le programme fédéral. Néanmoins, le ministre assure que cette question sera discutée entre les premiers ministres Chrétien et Bouchard.

Le ministre Massé précise d'ailleurs qu'Ottawa utilisera la même formule qu'au Saguenay et au Manitoba pour calculer sa part de dédommagements à verser pour la tempête de verglas.

Jour 8

MARDI 13 JANVIER

LE FROID
SE MET DE LA PARTIE

*H*ydro-Québec doit interrompre le courant à intervalles réguliers dans le centre de l'île de Montréal, aujourd'hui et jusqu'à ce qu'une ligne de 120 kilovolts puisse de nouveau relier la centrale de Beauharnois et le poste de l'Aqueduc, à LaSalle. Jusque-là, la puissance étant limitée, il faut distribuer l'électricité sur une base rotative, ce qui signifie que, pour que de nouveaux abonnés soient rebranchés, une grande partie de ceux qui en bénéficient doivent subir de courtes interruptions. Outre les villes de Hampstead, Côte-Saint-Luc, Saint-Pierre, LaSalle, Verdun et Westmount, de grands secteurs de Montréal sont aussi touchés, notamment Notre-Dame-de-Grâce, Saint-Paul, Saint-Henri, Snowdon, la partie ouest du Vieux-Montréal et, surtout, le centre-ville.

Les interruptions, nous dit-on, doivent durer de trente à quatre-vingt-dix minutes, ce qui élimine le risque de voir le froid s'installer dans les résidences. Hydro-Québec demande cependant aux abonnés de limiter volontairement leur consommation d'électricité, car si la surcharge est trop forte, il risque de se produire la même chose qu'à la maison si on branche tous les appareils électroménagers en même temps: les disjoncteurs peuvent sauter! Les villes de la Rive-Sud qui ont retrouvé le courant sont avisées qu'elles aussi peuvent être appelées à subir un semblable délestage et sont donc, en conséquence, également visées par les appels à la modération. Même chose pour une partie des Laurentides. Environ 534 500 foyers sont néanmoins toujours dans le noir, dont pas moins de 463 000 en Montérégie, mais ce décompte inclut les quelque 82 000 personnes dans la région de Sherbrooke, qui subissent à leur tour les contrecoups de nouvelles pannes causées par de nouvelles précipitations de verglas.

Pendant qu'on communique ces dernières nouvelles et qu'on adresse ces mises en garde, les équipes d'ouvriers travaillent d'arrache-pied à redresser les pylônes qui se sont effondrés à la sortie de la centrale de Beauharnois, d'où proviennent deux lignes de 120 kilovolts qui alimentent le centre de Montréal, en plus des deux lignes de 315 kilovolts qui proviennent des postes de Hertel et de LaPrairie. Une tentative de transport par hélicoptère des pylônes qui servent à remonter la ligne avorte à cause de forts vents en rafales. Les équipes d'Hydro-Québec cherchent aussi à consolider la boucle de 735 kilovolts qui ceinture Montréal et qui est constituée de cinq postes stratégiques. Un seul poste est alimenté normalement, celui de Duvernay et un seul lien n'a pas été démembré, celui entre Duvernay et le poste de Chénier, situé près de Mirabel. La priorité pour Hydro est donc d'augmenter l'alimentation du poste de Hertel, qui est le plus important pour le centre de l'île.

Afin de ménager la partie de son réseau qui fonctionne encore, Hydro-Québec continue donc de pratiquer un délestage périodique. La société d'État prêche elle-même par l'exemple en éteignant symboliquement l'enseigne lumineuse qui orne son siège social, boulevard René-Lévesque à Montréal.

Le *congé forcé* des travailleurs du centre-ville de Montréal qui se poursuit aujourd'hui, se prolongera aussi pendant au moins vingt-quatre heures de plus que prévu. Devant la fragilité de son réseau de distribution et à cause du froid intense qui s'annonce, Hydro a en effet décidé de prolonger jusqu'à minuit jeudi soir la consigne de fermeture des universités, des commerces et des édifices à bureaux du centre-ville.

De son côté, le Premier ministre Bouchard appelle à nouveau les sinistrés qui insistent pour demeurer dans leurs résidences glaciales à entendre la voix de la raison. «De grâce, sortez de vos maisons si le chauffage n'est pas adéquat — pas seulement dans la zone désignée, mais partout au Québec» lance-t-il en conférence de presse. De fait, certains irréductibles pourraient se retrouver dans une situation problématique, voire dangereuse, d'autant plus que l'on a déjà rapporté une quinzaine de cas d'hypothermie, à Montréal seulement, depuis le début de la tempête; la chute des températures, on prévoit un maximum de -13° C aujourd'hui et de -18° C la nuit prochaine, pourrait multiplier les cas de ce genre, d'où la nécessité de cet important blitz effectué par des policiers et des militaires dans les zones sinistrées afin de vérifier l'état de santé des personnes qui demeurent toujours chez elles. «La priorité, c'est d'assurer la sécurité et la santé de tous nos concitoyens qui devront affronter le froid qui s'annonce», ajoute Lucien Bouchard

L'opération vise donc essentiellement à repérer les personnes en difficulté et à les inciter à quitter leur domicile; les policiers ou les militaires entrent parfois pour vérifier s'il n'y a pas de danger; les cas jugés problématiques font l'objet d'une seconde et parfois même d'une troisième visite. Cette opération exige une coordination sans précédent entre policiers, militaires et autorités civiles, particulièrement sur la Rive-Sud et en Montérégie où il y a toujours plus de 400 000 abonnés sans électricité, ce qui représente plus d'un million de personnes. Une tâche colossale à laquelle se consacrent près de 6 000 personnes. Dans certaines villes et certains quartiers de Montréal, tous les résidants qui n'ont pas de système de chauffage d'appoint efficace et sécuritaire reçoivent l'ordre de déserter les lieux. Certains trouvent refuge chez des parents ou des amis, les autres sont conduits dans les Centres d'hébergement.

Les appels au 1-800-636-AIDE sont moins nombreux que la veille, les 150 téléphonistes enregistrent tout de même plus de 6 000 appels, la veille on en a dénombré 9 000. Il ne faut pas y voir là un manque de solidarité et de bonne volonté de la population, mais plutôt un certain nombre de difficultés techniques qui ont paralysé quelques lignes téléphoniques au cours de la matinée. Les offres d'hébergement dépassent toujours les demandes — le ratio est d'environ 15 offres d'hébergement pour une demande —, mais les téléphonistes constatent néanmoins une légère tendance des sinistrés à quitter leurs résidences, probablement en raison du froid et de la publication de la liste des municipalités sinistrées.

$\mathcal{A}$près être allé chercher du café au restaurant le plus près toujours ouvert comme je le fais maintenant tous les matins, aussitôt après avoir attisé les flammes, ma conjointe et moi discutons de la pertinence de céder aux exhortations de notre premier ministre et de quitter la maison. Nous repoussons l'idée d'un revers de la main, peut-être simplement parce que nous sommes déjà restés suffisamment longtemps pour ressentir un éventuel départ comme l'anéantissement de tous ces efforts faits depuis la soirée du 5. Alors, nous décidons de rester.

Et j'alimente encore et encore le foyer car, cette fois, les météorologues ne se sont pas trompés: il fait de plus en plus froid et d'autant plus que le vent, déferlant sur le lac sans rencontrer quelque obstacle que ce soit, frappe de plein fouet nos fenêtres et trouve tous les interstices pour se glisser dans les pièces. Ça *craint*, comme dirait un ami français — et les bûches se consument de plus en plus rapidement.

Comme tous les jours depuis le début de la tempête, je fais ma petite virée sur le lac à l'un ou l'autre des points d'eau que mes voisins ont creusés, je fais ma petite tournée des commerces; en fin d'après-midi, toujours en compagnie de mon voisin d'en face, je repars chercher les vingt bûches que m'octroie la municipalité — cette fois, je prends même deux cafés au Centre d'hébergement. Puis, comme tous les soirs, sauf ceux où nous allons chez ma mère, nous commandons le souper au restaurant.

Une semaine après le début de la crise, les choses ne se *tassent* pas tellement, même si les gens deviennent plus fatalistes. Outre des besoins toujours criants de génératrices, de lits, de bois, de piles, de chandelles et de combustible, de nombreux sinistrés manquent d'argent. Après avoir réussi à composer avec ce qu'ils avaient en poche, la plupart se retrouvent les goussets d'autant plus vides que la très grande majorité des guichets automatiques de la Rive-Sud et de la Montérégie ne fonctionnent plus, faute d'électricité. On a de plus en plus recours au fameux «système D».

Petite nouvelle heureuse, une première série de 100 000 chèques de subsistance devant permettre aux sinistrés de parer au plus essentiel et au plus urgent sont émis; imprimés à la hâte pendant la nuit, à Québec, l'opération connaît toutefois quelques délais et quelques ratés dans l'acheminement aux quelque 125 municipalités désignées et dans la distribution aux sinistrés. Plusieurs citoyens reviennent d'ailleurs bredouilles de leur virée à l'hôtel de ville où ils espéraient se voir remettre la somme promise. Devant l'exaspération des citoyens, on suggère à chacun de se renseigner auprès des autorités municipales avant de se déplacer. Toutefois, là où les chèques peuvent être distribués, l'opération est menée rondement, signature d'un formulaire de demande d'aide financière et présentation d'une pièce d'identité ou d'une preuve de résidence suffisent pour l'émission du chèque, qui peut alors être encaissé sur-le-champ, ou dans un commerce ouvert, ou encore à l'un de ces guichets temporaires que certaines institutions financières ont aménagés pour accommoder les sinistrés.

Au terme de l'opération, qui se poursuivra au cours des jours à venir, les autorités prévoient que plus de 400 000 chèques seront émis pour une valeur avoisinant trente millions de dollars, une somme qui peut sembler importante mais qui ne constitue, en fait, qu'une goutte d'eau dans l'évaluation des coûts du sinistre. Une appréciation sommaire — car la facture pourrait encore s'accroître considérablement — évoque la somme de deux milliards de dollars, ce qui comprend toutefois non seulement la facture envisagée de la reconstruction, mais aussi le manque à gagner des entreprises.

Sommairement, on évalue, pour l'heure, à plus de 500 millions de dollars les montants que Hydro-Québec devra probablement investir pour reconstruire ses lignes de transmission pour simplement ramener ses activités à la normale, et à près d'un milliard de dollars les dégâts et les pertes de biens et d'actifs subis par les entreprises et les citoyens. Les municipalités devront, en outre, rétablir leurs services et leurs équipements et les propriétaires auront à remettre en état leurs propriétés.

Des sommes faramineuses qui sont difficiles à imaginer pour le commun des mortels que nous sommes et qui ne donnent pas un véritable aperçu de la situation. L'annulation du spectacle du groupe Oasis, après celles de Jonny Lang, des Rolling Stones et d'Our Lady Peace, est définitivement plus tangible, surtout pour les 7 000 fans qui s'étaient empressés de se procurer leurs tickets!

Je ne me rappelle plus précisément pour quelle raison, mais ma conjointe éclate en larmes. Il faut dire que nous avons les nerfs à fleur de peau — et il y a toujours ce vent qui ne cesse de siffler qui ajoute à l'atmosphère sinistre. Les flammes du foyer elles-mêmes ressemblent à une de ces danses rituelles qui accompagnent les grands départs.

Nous parlons de plier bagage. Sur-le-champ.

Nous ne le faisons pas.

Ma conjointe monte se coucher et je m'endors au salon. Je me réveille toutes les deux heures pour éviter que le feu ne s'éteigne.

L' Ordre des psychologues met en place une ligne d'écoute téléphonique pour tenter de parer aux préoccupations et aux inquiétudes les plus urgentes de la population. C'est que — ce n'est un secret pour personne — la tempête de verglas est en train de rendre tout le monde à bout de nerfs, autant ceux qui ont du courant que ceux qui viennent de le retrouver, et que ces autres qui n'en ont toujours pas. Après l'annonce de la mise en place de cette ligne, en moins de temps qu'il n'en faut pour le dire, plus d'une centaine d'appels sont reçus. «On ne parle pas de débordement, mais on sent néanmoins que les gens en ont assez et ont un réel besoin de l'exprimer», confie une responsable.

Mais de quoi parlent donc ceux qui téléphonent? De problèmes de couple, les discussions sont de plus en plus courantes et de plus en plus orageuses; d'inquiétude, les gens voudraient quitter leur demeure, mais ils s'en sentent incapables; de culpabilité, on a l'impression de ne pas suffisamment aider ceux qui sont dans le malheur; de choc, beaucoup disent souffrir de nausées, d'insomnie, de pertes d'appétit et ont peur de tout. Les psychologues prodiguent du mieux qu'ils le peuvent de ces petits conseils qui permettent aux gens de sortir de leur torpeur, pas de recette miracle, de simples conseils de gros bons sens.

Jour 9

MERCREDI 14 JANVIER

PATIENCE ET LONGUEUR DE TEMPS...

*L*e millier de pylônes qui se sont affaissés sous le verglas oblige le sud-ouest, mais surtout le centre-ville de Montréal, à vivre au ralenti. La plupart des commerces et des entreprises ont obéi au mot d'ordre d'Hydro-Québec et suspendu leurs activités, ce qui a permis à la société d'État de ne pas avoir à interrompre temporairement le courant à ses abonnés du centre-ville, mais n'a pas, toutefois, empêché certaines pannes de se déclarer çà et là. Les nouvelles de la veille sont reprises, alimentées de quelques précisions ou de quelques ajouts. On nous répète pour la énième fois que les grandes lignes de 735 kilovolts sont toutes intactes et que cinq des sept liens qui alimentent la métropole le sont aussi; il ne s'agit donc plus, maintenant, que de réussir à transférer l'énergie à l'île. On cherche naturellement à relier certains postes de distribution à d'autres pour alimenter de nouvelles lignes, mais on finit par nous expliquer que l'on opte pour une autre solution, soit celle de mettre sous tension la ligne de 735 kilovolts entre les postes de Châteauguay et

Chénier pour ajouter de la fiabilité au réseau. L'électricité provenant de la baie James empruntera donc dorénavant un autre chemin pour gagner le centre économique du Québec.

Le Premier ministre, qui fait toujours «du camping à l'hôtel», comme il l'avait lui-même lancé en guise de blague quelques jours plus tôt, a certes des raisons de continuer d'être préoccupé par la situation. Le regard qu'il peut jeter par les fenêtres de sa chambre d'hôtel n'a, de fait, rien pour le réconforter ou le rassurer. Nous ne sommes pas dans une ville déserte, la circulation peut même sembler dense, mais ce n'est qu'une illusion, due au fait que les voitures ne peuvent généralement circuler que sur une voie plutôt que sur deux, en raison des bancs de neige et de glace, mais aussi des grues et autres véhicules d'urgence qui stationnent en double file, feux clignotants en action. Les quelques rares piétons qui se risquent sur les trottoirs ressemblent à des gens titubants, tant les obstacles à éviter ou à contourner sont nombreux. Mais cette gigantesque fourmilière que constitue le cœur de la métropole n'a pas cessé de battre pour autant, derrière des consoles de contrôle, des hommes et des femmes continuent de veiller sur tous les systèmes qui gèrent le quotidien du centre-ville, n'attendant qu'un mot d'ordre pour relancer la machine — et l'activité.

Le réseau tient bon, mais la société d'État n'en ressent pas moins la nécessité de rappeler à ses abonnés de réduire le plus possible leur consommation d'électricité. Tout cela finit d'ailleurs par porter fruit puisqu'en fin de journée, le bilan fait état d'environ 400 000 abonnés privés de courant, soit un gain, sur les chiffres de la veille à la même heure, d'environ 200 000 abonnés. Montréal, où le nombre d'abonnés sans électricité s'établit maintenant à moins de 10 000 — reprend vie et les Laurentides, comme l'Outaouais, sont aussi sur la bonne voie.

La grande bataille — la bataille finale — se passe maintenant, plus que jamais, du côté de la Montérégie, où sont déplacées les équipes de choc, celles d'Hydro-Québec, mais aussi celles des forces de l'ordre. Les corps policiers municipaux appuyés par quelque 1 600 policiers de la Sûreté du Québec provenant des quatre coins de la province et par quelques milliers de militaires des Forces armées canadiennes poursuivent inlassablement leur porte à porte pour s'assurer que les gens qui continuent de demeurer chez eux se portent bien.

Car si l'on fait grand état de la situation dans les centres d'urgence et d'hébergement des villes les plus importantes de la Rive-Sud, nombre de petites municipalités et de villages sans électricité restent aussi souvent sans téléphone, la plupart du temps sans eau potable, parce que n'étant pas reliés à des réseaux d'aqueducs, et sans bois de chauffage. Ils sont plus souvent qu'autrement oubliés et vivent des situations désespérantes. Pour les résidants de ces municipalités et villages — Venise-en-Québec, Noyan, Saint-Valentin, Sainte-Barbe, Saint-Thimotée, Saint-Louis-de-Gonzague et autres — les journées sont longues, très longues, et très éprouvantes. Difficile d'ailleurs de cacher son angoisse quand on ne sait pas si l'on réussira (enfin) à trouver ces piles et ces bougies si nécessaires, ou ce bois de chauffage si essentiel. C'est peut-être d'ailleurs le plus ironique de la situation; un bon nombre de ces maisons de ces secteurs oubliés ont, qui un poêle à bois, qui un poêle à combustion lente, qui un foyer, mais manquent désespérément de bois de chauffage! Une préoccupation inquiétante à laquelle chacun fait face jour après jour, sans jamais voir une lueur d'espoir.

*L*a Sécurité civile, dont il est impossible de ne pas parler, ne serait-ce qu'en raison de l'avalanche de critiques dont elle fait l'objet de la part d'une très grande majorité des maires de villes sinistrées, tente tant bien que mal de se défendre et d'expliquer sa mission qui consiste essentiellement à encadrer, soutenir et coordonner les efforts des municipalités, soulignant qu'on oublie trop souvent ou trop facilement que le gouvernement leur a confié, au début de la décennie, la responsabilité de s'occuper elles-mêmes de leurs propres besoins et de ceux de leurs citoyens. «Habituellement, nous sommes à peine plus d'une soixantaine de personnes à nous occuper de la sécurité civile au Québec. Actuellement, pour faire face à l'événement exceptionnel que nous traversons, nous sommes plusieurs milliers. Vous pouvez être certain que nous agissons au mieux de nos capacités.»

Effectivement, à voir leurs bureaux, rien n'est ménagé, ni le temps ni les efforts. Des dizaines de personnes veillent à la logistique; les uns voient à la coordination, les autres à la recherche. Certains tentent encore de parer à l'imprévisible. La machine tourne à plein régime.

Pourtant...

𝓛e bilan des intoxications à l'oxyde de carbone ne cesse de s'alourdir. Dans l'île de Montréal, on en compte près de deux cents, tandis qu'en Montérégie, plus de six cents ont été enregistrées depuis le début de la panne et cela, malgré les appels à la prudence des autorités. Douze décès sont directement attribuables à des génératrices placées trop près des maisons, à des chaufferettes au kérosène, à des barbecues et autres équipements de camping utilisés à l'intérieur. Et ça ne pourrait bien n'être là que la pointe de l'iceberg, car nombreux sont ceux qui souffrent de ses symptômes, de maux de tête et nausées, et qui ne savent pas qu'ils sont en train de s'intoxiquer.

La chaleur que dégage le foyer ne suffit plus à contrer le froid glacial qui s'est abattu sur nous, et je n'ose pas mettre plus de bûches dans l'âtre de peur de faire surchauffer la cheminée. Quand je nous regarde, ma blonde et moi, recroquevillés tous les deux devant le foyer pour sentir un peu plus la chaleur, je nous vois maintenant comme de véritables sinistrés — de quoi d'autre pourrions-nous avoir l'air avec trois épaisseurs de vêtements, les traits tirés et le moral à zéro? En me passant la main sur le visage, je m'aperçois que je ne me suis même pas rasé depuis deux ou trois jours, peut-être quatre. C'est là une autre conséquence de l'abattement, on se met à penser à des choses qui n'ont vraiment aucune importance, la barbe qui n'est pas faite, les couvertures jetées çà et là sur les divans du salon, les petits morceaux d'écorce et de bois qui déparent le tapis. Le désordre. Et ma foutue prédiction, à l'effet que l'électricité devait revenir hier, qui ne s'est pas concrétisée!

Ma blonde frissonne.

C'est décidé, nous allons partir, d'autant plus que je dois me remettre au travail.

Un coup de téléphone et Lise et Jacques, qui demeurent à moins d'un kilomètre de la maison, mais qui ont, eux, retrouvé l'électricité depuis un petit moment, nous disent de venir.

Je débranche l'ordinateur, son écran, l'imprimante, la souris, les barres de tension; je ramasse mes papiers et mes notes, ma blonde remplit deux sacs de voyage de linge et d'effets personnels. Je charge le tout dans la voiture et nous partons, même la chienne ne se retourne pas! Un kilomètre à peine et tout un monde de différence, un monde où il y a de l'électricité!

*H*ydro-Québec annonce qu'elle permet, pour demain, la *réouverture* du centre-ville, devançant ainsi d'une journée le retour à la normale des activités, mais à la condition *sine qua non* que ces usagers, institutionnels, commerciaux ou résidentiels, fassent preuve de modération. «Les édifices à bureaux ne devraient accueillir leurs employés que durant la période de 9 à 16 h, et rester fermés à l'extérieur de cette période» souligne Hydro-Québec dans un communiqué. La raison est simple à expliquer et à comprendre; les périodes de pointe de la demande en électricité s'échelonnent entre 6 et 9 h, et entre 16 et 21 h. En conséquence, Hydro-Québec croit que si ses grands clients n'empiètent pas sur ces heures sensibles, son réseau tiendra le coup.

Le gouvernement du Québec bat donc le rappel de ses troupes qui travaillent au centre-ville de Montréal; la Communauté urbaine de Montréal emboîte le pas. Aucune consigne particulière ne vient des grands complexes immobiliers, tels que le complexe Desjardins, les édifices Trizec-Ham, le siège social de la Sun Life, le 1000 de la Gauchetière, la Tour de la CIBC, le Centre de Commerce mondial, la place Ville-Marie, de même que des autres importants édifices à bureaux, où se bousculent habituellement des milliers et des milliers d'employés, mais on croit que la majorité d'entre eux, qui ont d'ailleurs maintenu certains services *essentiels* pour la plupart, la rentrée au travail plus hâtive devrait se faire sans problème. Autre bonne nouvelle pour les Montréalais toujours en panne, ils apprennent que la majorité d'entre eux retrouveront l'électricité au cours des prochaines heures, même s'il restera quelques îlots qui seront rebranchés un peu plus tard.

*U*ne fois chez nos hôtes, je m'empresse de rebrancher tout mon attirail et d'aller faire un tour dans Internet, ça me

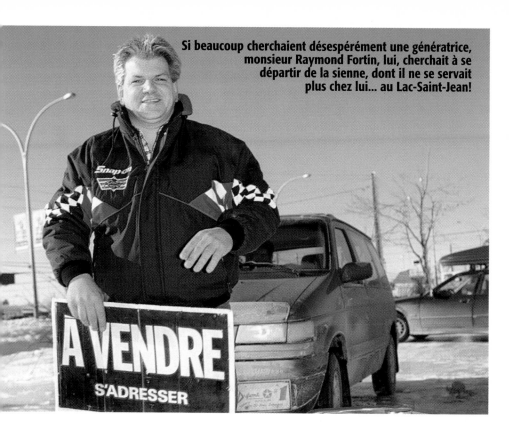

Si beaucoup cherchaient désespérément une génératrice, monsieur Raymond Fortin, lui, cherchait à se départir de la sienne, dont il ne se servait plus chez lui... au Lac-Saint-Jean!

Chaque municipalité du sud-ouest a tenté, tant bien que mal, de fournir quotidiennement quelques bûches à ses résidants.

Au moment même où la population avait plus que jamais besoin d'essence et d'autres combustibles, certains distributeurs augmentaient leur prix à la pompe...

On croirait une scène d'un de ces films catastrophe de Hollywood;
or, c'est bien chez nous que tout cela s'est passé...

Cette tempête nous a obligés à nous remémorer la force
de ces éléments dont nous croyions trop souvent être les maîtres...

Décriés il y a encore peu de temps, les militaires, appelés en renfort, se sont avérés des intervenants hors pair. Organisés, disciplinés et équipés, ils sont parvenus à faire oublier un certain laxisme côté organisation.

Quelques îlots éclairés donnaient au paysage une allure de carte postale, mais cela parvenait tout de même mal à dissimuler l'atmosphère sinistre de Montréal au pire de la panne...

donne la douce illusion de retrouver mes petites habitudes d'avant la tempête! J'ouvre mon traitement de texte, simplement pour le plaisir de voir l'écran s'animer. Ma blonde fonce sous la douche où elle reste une bonne vingtaine de minutes, elle en sort ruisselante et rayonnante. Jolie, comme il y a longtemps que je ne l'avais pas vue — ou que je ne l'avais peut-être pas remarquée.

Je propose à Lise et à Jacques d'aller faire les courses de dernière minute, pain, fromage, bagels pour le petit déjeuner de demain et toutes ces autres petites choses qui manquent quand on a dû vider le réfrigérateur et qu'on n'a pas encore osé le remplir, de peur que la catastrophe ne s'abatte encore. Cette petite balade au Maxi me donne le cœur léger!

Au moment de revenir, je décide de faire un détour par la maison pour aller mettre quelques bûches dans le foyer. Je sais... je sais... il y a à peine deux ou trois heures que nous sommes partis, mais je le fais quand même, c'est plus fort que moi!

J'entre dans la maison déjà refroidie — ou peut-être que je la sens vraiment pour la première fois comme elle est depuis quelques jours —, j'avance à tâtons, tranquillement, pour ne pas faire dégringoler une plante ou marcher sur la balle du chien et me casser la figure et je finis par arriver au salon où, effectivement, il ne reste plus que quelques tisons dans le foyer.

Je prends ce qui me semble la bûche la plus sèche et — vous ne savez pas quoi? L'électricité revient! Une lumière s'allume, j'entends le déclic du répondeur qui se remet en marche, la sonnerie du four à micro-ondes qui indique qu'il est désormais en état de fonctionner, le ronron du réfrigérateur, tous les petits bruits familiers, habituellement si agaçants, mais qui me semblent tout à coup si agréables. J'entends même la pompe à eau redémarrer. Un peu plus et j'en aurais les larmes aux yeux!

Jour 10

JEUDI 15 JANVIER

DES HAUTS ET DES BAS

Vous aurez peine à me croire, mais je vous raconte quand même.

Après avoir fait ce pas difficile de quitter la maison, d'avoir pris la peine de transbahuter tout mon matériel, d'avoir apporté avec nous suffisamment de vêtements pour tenir le coup pendant une bonne quinzaine, sans même avoir oublié brosse à dents, déodorant, eau de toilette et autres petits flacons, nous sommes revenus chez nous à peine trois ou quatre heures après être partis, tout juste le temps de partager avec nos hôtes une bonne bouteille de vin, une entrée d'onctueux fromage de chèvre sur croûtons et un revigorant steak-frites, et non sans avoir bu un espresso.

Tout le monde, ma blonde comprise, a bien essayé de me convaincre que puisque nous étions installés, nous pouvions bien rester une nuit, mais personne n'y est parvenu — personne n'aurait d'ailleurs pu y parvenir. J'ai redébranché mon équipement, refermé les sacs de voyage à peine entrouverts, tout ramené dans la voiture, avant de recommencer le manège inverse quelques minutes plus tard, une fois à la maison.

Ne me demandez surtout pas pourquoi.

Je ne saurais vraiment pas quoi vous répondre.

Toujours est-il que, ce matin, je me réveille dans mon lit, au chaud et sans avoir à me précipiter au salon pour remettre des bûches à brûler. Même, je triche: je reste au lit, sachant fort bien que le feu va s'éteindre. L'électricité suffit — oh! les thermostats ne sont pas au maximum, mais ils sont probablement plus hauts que ne le souhaiterait Hydro-Québec. J'en ai tellement peu de remords que je me rendors comme un loir.

Lorsque je me réveille à nouveau, le monde a changé.

Je remets la radio, qui a pour ainsi dire constitué mon seul lien avec le monde extérieur au cours des dix dernières journées — et qui a réalisé un excellent travail, soit dit en passant —, mais, même là, les choses ne sont plus pareilles. Curieux, tout de même, à quelle vitesse un univers peut basculer...

Le réseau de transport de l'électricité vers Montréal est définitivement renforcé, mais il n'en est pas tout à fait de même en Montérégie, où les équipes en sont encore à reconstruire une bonne partie du réseau endommagé par la tempête et où les choses fonctionnent encore au ralenti. On parle d'ailleurs, encore, d'un peu plus de 300 000 abonnés qui sont toujours privés d'électricité, dont quelque 6 000 dans l'île de Montréal.

La reprise des activités au centre-ville ne se fait pas sans peine, non pas tellement en raison de l'état du réseau hydro-électrique, mais surtout à cause du déneigement des rues, qui prend bien plus de temps que prévu, et du déglaçage des édifices, qui n'est pas terminé. Les embouteillages sont encore nombreux, les automobilistes s'impatientent, les piétons prennent des risques et les klaxons résonnent à qui mieux mieux. Bref, c'est le chaos! Mais la seule pensée que l'on est réalimenté en électricité — depuis peu, pour plusieurs milliers de personnes — permet de passer à travers l'épreuve avec plus de facilité.

Néanmoins, au fil des heures, près de 40 000 abonnés retrouvent l'électricité en Montérégie, ce qui est peu en regard des quelques centaines de milliers d'autres qui en sont toujours privés, mais qui n'en espèrent pas moins qu'aujourd'hui, demain, ce sera peut-être leur tour. Mais, une mauvaise nouvelle en accompagnant toujours une bonne, Hydro-Québec précise que si le nombre d'abonnés toujours privés de courant semble stagner, ce n'est pas tant à cause des bris, mais plutôt parce qu'il y a un grand nombre de lignes à haute tension à reconstruire, ce qui signifie, en d'autres mots, que certains devront encore patienter. Toutefois, lorsque celles-ci seront remises en fonction, le nombre d'abonnés sans électricité devrait baisser très rapidement.

Ceci dit, la crise semble en voie de se résorber. Ainsi, si plus d'une centaine de Centres d'hébergement continuent d'accueillir plus de 10 000 personnes, une centaine d'autres sont en quelque sorte inactifs, c'est-à-dire qu'ils ne sont plus en opération, mais ne sont pas tout à fait fermés. Selon l'évolution de la situation, ils pourraient être rouverts très rapidement. D'ailleurs, le problème d'hébergement ne se pose pas vraiment puisque l'offre d'hébergement, centres et appels reçus au fameux numéro 1-800-636-AIDE, pourrait dépanner près d'une centaine de milliers de personnes. Toutefois, il y a toujours une certaine mésentente en ce qui concerne l'intendance, lits de camp, matelas, oreillers, couvertures et autres équipements de dépannage de première nécessité, car si la Sécurité civile dit avoir suffisamment de ressources pour répondre à la demande, certains maires et responsables de centres, sur le terrain, font état de besoins criants.

Les commerçants vivent au quotidien cette situation. Ceux qui avaient des génératrices en stock les ont écoulées en moins de temps qu'il n'en faut pour le dire; les vendeurs de foyers et de poêles à combustion lente ont reçu jusqu'à vingt fois le nombre de commandes qu'ils enregistrent habituellement. La plupart des commerçants sont en rupture de stock et le problème, là comme ailleurs, se situe surtout sur le plan de l'approvisionnement — et de l'installation dans le cas des entreprises de vente de foyers et de poêles. Même chez Gaz Métropolitain, on note une recrudescence des demandes d'information sur l'installation d'un système de chauffage au gaz.

Difficultés d'approvisionnement aussi en ce qui touche les piles (surtout les précieuses «D»!), les bougies et tous ces autres combustibles pour les petits appareils d'appoint.

Bonne nouvelle, toutefois, les prix semblent retrouver un cours plus normal, ce qui n'est sans doute pas étranger au fait que les noms des entreprises profitant de manière éhontée du malheur des populations aient été dénoncés publiquement. N'appréciant décidément pas voir leurs noms associés à ces pratiques douteuses et rendus publics par les médias, journaux, radio et télévision, ces commerçants se sont hâtés de les réduire aussi rapidement qu'ils les avaient haussés. Ce faisant, ils prenaient d'ailleurs de court les organisations de consommateurs qui s'apprêtaient à les pointer du doigt.

En début de semaine, après avoir reçu de nombreuses plaintes de citoyens, l'Association des consommateurs du Québec avait confié la tâche à quelques membres de son personnel de vérifier sur le terrain les abus dénoncés. Or, à la surprise générale, les prix avaient retrouvé leur cours normal et l'association, qui s'était pourtant promis de faire connaître les noms des commerçants qui abusaient de la situation, s'est retrouvée battue de vitesse. Ce qui prouve, si besoin était, que la pression des médias est souvent plus forte qu'on ne le croit.

*L*es rebranchements sont plus nombreux, mais tous ceux qui sont encore victimes de pannes s'impatientent et cherchent à savoir à quel moment ils recouvreront enfin l'électricité. Sur ce point, le président d'Hydro-Québec, censé dévoiler aujourd'hui les dates de raccordement des villes, municipalités et villages encore touchés par les pannes remet cette annonce à plus tard. «Ce n'est que dans quelques jours que l'on aura des dates pour les municipalités, de même que des prévisions quant au nombre de raccordements qui pourront être faits quotidiennement», se contente-t-il de dire en conférence de presse, soulignant néanmoins que le nombre de clients raccordés augmentera substantiellement lorsque des lignes de transport seront reconstruites.

Le plus étrange, dans toute cette aventure, c'est que Hydro-Québec continue d'avoir plutôt bonne presse. La société d'État, qui joue la carte de la transparence et qui profite de communicateurs hors pair — qui donc ignore maintenant qui est Steve Flanagan? — réussit fort bien à faire oublier ses erreurs et ses valses hésitations. En outre, aux premières lignes, il y a tous ces employés d'Hydro-Québec qui, sur le terrain, à proximité des sinistrés, ne ménagent pas leurs efforts et à qui la population sait devoir une fière chandelle. Debout à l'aube, ils font des journées de douze, quand ce n'est pas seize heures à déblayer les terrains, à planter des poteaux, à ramasser des fils, à reconstruire des lignes. À se livrer à des exercices de haute voltige à quelques centaines de pieds de hauteur. À rebrancher des maisons. Dans un froid sibérien, sous des vents à écorner les bœufs, comme disaient nos grands-parents.

On les voit et on les traite comme des héros — mais n'en sont-ils pas?

Jour 11

VENDREDI 16 JANVIER

LE COMPTE À REBOURS COMMENCE

Première bonne nouvelle: on apprend que les restrictions sur les heures d'ouverture des bureaux et des commerces du centre-ville de Montréal sont enfin levées, tout au moins pour la fin de semaine. Les opérations de déglaçage ne s'en poursuivent pas moins et elles sont d'ailleurs loin d'être terminées — «notre équipement est fait pour le déneigement et non pour le déglaçage» précise un porte-parole de la ville, oubliant probablement que les amoncellements de glace ne se sont pas faits en une seule nuit. Ceci dit, le chargement de la neige commence dans les rues secondaires de la ville. Avec plus de 3 000 employés, répartis en deux quarts de travail de douze heures, on estime pouvoir progresser rapidement et tout terminer vers le milieu de la prochaine semaine, à moins, bien entendu, que de nouvelles précipitations ne viennent compliquer les choses! Quant aux critiques dont la ville est la cible, on en fait peu de cas: «Les gens ont été éprouvés par les pannes, par le manque d'eau, par le froid; ils sont fatigués, ils sont moins patients, c'est compréhensible», dit-on. Enfin!

Mais il y a tout de même une deuxième bonne nouvelle, la quasi-totalité des abonnés de la Montérégie sera réalimentée en électricité le 26 janvier. «Le compte à rebours est commencé», déclare le président d'Hydro-Québec en conférence de presse, ajoutant d'un même souffle que Hydro-Québec s'attend à progresser très rapidement, «d'une façon qui va surprendre la population», dit-il.

C'est que l'alimentation du poste de Saint-Césaire sera chose faite dès mercredi et, comme ce poste constitue la clé de voûte du rétablissement de l'électricité dans une très grande partie du triangle blanc, c'est-à-dire ce triangle constitué par les villes de Saint-Jean, Granby et Saint-Hyacinthe, on se plaît effectivement à espérer que cette fois est la bonne.

À Saint-Jean-sur-Richelieu, on respire mieux. Le nombre de sinistrés que la ville avait accueillis dans ses deux Centres d'hébergement est en baisse; l'un d'eux, le campus du Collège militaire, héberge environ 700 personnes, tandis que le second, à la polyvalente Armand-Racicot, en abrite un peu moins de 500. Ce n'est pas que la situation se soit améliorée en tant que telle, mais, comme l'on ne se fait plus de faux espoirs quant à la durée de cet éventuel séjour, une partie des pensionnaires semble avoir trouvé refuge chez des parents ou des amis.

Cette diminution de la clientèle allège néanmoins l'atmosphère, les gens ont moins les nerfs à fleur de peau, la tension retombe tranquillement. Les génératrices permettent de chauffer l'eau pour les douches et le manque d'équipements est ressenti moins durement. Ce n'est pas le club Méditerranée, mais au moins l'environnement est vivable.

À Saint-Hyacinthe, des rumeurs d'épidémie du virus de l'influenza se répandent comme une traînée de poudre. C'est que l'on apprend que l'hôpital de la ville a fait appel à

l'armée, la veille, pour entreprendre une campagne de vaccination contre la grippe. Il n'en fallait pas plus pour que le
téléphone arabe se mette à fonctionner. La réalité est toutefois moins alarmante et les autorités médicales ne tardent
pas à réagir. «Il ne s'agit pas d'une épidémie et il n'y a pas
de quarantaine, mais en raison de la promiscuité qui règne
dans nos pavillons qui accueillent un grand nombre de
réfugiés, nous voulons prendre toutes les mesures possibles
pour éviter une propagation du virus», précise un porte-
parole de l'établissement. Toutefois, même si les responsables de l'hôpital refusent de parler d'épidémie, un certain
nombre de mesures sont prises pour éviter tout risque de
contagion, entre autres cette campagne de vaccination des
patients de l'hôpital, incluant les réfugiés et les bénévoles,
de même que chez le personnel.

$\mathcal{A}$utre conséquence de la tempête à gérer et qui, avec le retour à la normale, devient un sujet de préoccupation: l'année
scolaire. La ministre de l'Éducation, Pauline Marois, est caté-
gorique: «L'année scolaire des enfants n'est aucunement
menacée»; elle fait état de diverses options qui s'offriront ou
seront proposées à chaque commission scolaire; des journées
pédagogiques seront annulées pour être consacrées au rat-
trapage, de même que les sorties culturelles ou sportives; les
examens de fin d'année du ministère seront réaménagés et
elle n'exclut pas une prolongation de l'année scolaire —
mais personne n'évoque même la possibilité de toucher à la
sacro-sainte semaine de relâche! La présidente de la Centrale
de l'enseignement du Québec, Lorraine Pagé, abonde dans
le même sens et se fait fort de rassurer les parents des élèves
qui fréquentent les écoles dans les zones sinistrées, particulièrement en Montérégie, où plusieurs villes ont été et
seront privées de courant pendant encore une semaine. «Il

ne s'agit pas de céder à la panique, affirme-t-elle. Déjà, au calendrier scolaire, certaines journées sont prévues au cas où des intempéries dues au mauvais temps forceraient la fermeture des écoles pour quelques jours. Par ailleurs, d'une année à l'autre, il arrive que des établissements scolaires doivent fermer leurs portes quelques jours pour parer à différents problèmes imprévus tels que dégâts d'eau, réparations majeures au toit, travaux de peinture non terminés. On mettra tout en œuvre pour que les choses se passent le mieux possible.»

Autant la situation fut difficile, éprouvante moralement et psychologiquement, autant nous l'oublions rapidement. En l'espace de quelques heures — est-ce de l'égoïsme, de la nonchalance? — la tempête de verglas du siècle devient quelque chose qui nous semble quasiment étranger.

Le chauffage a chassé toute trace d'humidité, le réfrigérateur ronronne comme un chat heureux, la cafetière n'en finit plus de nous filtrer ses petits cafés, le téléphone sonne à n'en plus finir et l'afficheur fonctionne normalement, tout comme le répondeur, et le câble est même rebranché! Quant à l'ordinateur, inutile de dire qu'il ronfle doucement, m'aidant à récupérer le temps perdu. En fait, la réalimentation de la pompe à eau dans la cave de la maison est la seule chose que j'aie eue à remettre en état. Avouez que je serais bien mal venu de me plaindre!

Mais le soir, surtout le soir, hier et encore aujourd'hui, j'ai tout de même une pensée pour ceux qui n'ont toujours pas d'électricité, quelques amis entre autres; Louise Bouchard, qui demeure à Otterburn Park, Bruno Lefebvre à Sainte-Angèle-de-Monnoir, Normand Picotin, à Venise-en-Québec, Francine, Robert, Luc.

Je fais le tour de la maison pour baisser le chauffage et éteindre quelques lumières.

Même si la situation semble progresser de façon significative, le Premier ministre Bouchard annule tout de même sa participation à la tournée d'Équipe Canada en Amérique latine; le Premier ministre annonce qu'il se fera plutôt remplacer par le ministre de l'Industrie et du Commerce, Roger Bertrand. Bien sûr, en raison même de la formule de ces périples d'affaires, le ministre ne pourra tenir le même rôle qui aurait été dévolu à Lucien Bouchard, mais il pourra néanmoins participer à certains travaux et, surtout, appuyer la délégation québécoise d'hommes d'affaires.

Le nombre de clients d'Hydro-Québec encore privés d'électricité, surtout en Montérégie, est indubitablement ce qui incite le Premier ministre à ajouter: «Je ne vois pas comment on peut quitter le Québec en plein hiver, quand il y a encore des milliers de personnes qui sont privées d'électricité. Ça prend quand même quelqu'un pour surveiller tout ce qui se passe et intervenir.»

Personne ne conteste sa décision.

Lucien Bouchard ajoute, par ailleurs, qu'un effort particulier est fait pour fournir des génératrices aux agriculteurs privés de courant et qui, dans certains cas, vivent de véritables catastrophes; on en attend 150 de la Protection civile du Canada, 80 autres de Floride et 50 d'un peu partout. Il en manquera encore, mais celles-là permettront au moins de parer à l'essentiel.

Quant à la Sécurité civile, elle est encore et ßtoujours à la recherche de nourriture, d'articles servant à l'éclairage, d'ustensiles, de verres et d'assiettes en plastique et de bien d'autres choses. Définitivement, les choses ne s'arrangent pas pour elle! Même si le pire de la crise est derrière nous, que l'on entre dans une nouvelle phase et que l'heure n'est pas encore aux bilans, des critiques et des commentaires très sévères fusent d'un peu partout sur la Rive-Sud et en

Montérégie à l'égard des responsables de l'organisme. Dans la majorité des cas, on souligne surtout l'absence de ses représentants sur le terrain — certains n'en reviennent toujours pas que l'on ait mis près d'une semaine avant de quitter la confortable banlieue de Québec pour s'installer là où la crise sévissait. La difficulté de communication, le cheminement des demandes, les interminables attentes de réponses, sont autant d'autres aspects vertement critiqués. On comprend dès lors aisément que les quelques éloges et félicitations soient vite noyées dans cet océan de désaveux.

Le post-mortem risque d'être sévère...

En revanche, on apprécie à sa juste valeur le rôle joué par les militaires et les policiers en ce qui a trait à la protection des citoyens et du territoire sinistré. Dans l'île de Montréal, tous les effectifs ont été mobilisés tout le temps qu'il fut nécessaire; sur la Rive-Sud et en Montérégie, 500 militaires, près de 2 000 policiers de la Sûreté du Québec, près de 500 de la Communauté urbaine de Montréal et 500 autres de la Gendarmerie Royale du Canada ont uni leurs forces pour assurer la surveillance des secteurs fortement touchés par le verglas. Dans d'innombrables villes et municipalités, les militaires et les policiers ont habituellement fait équipe avec des policiers locaux — ou avec des bénévoles pour certaines opérations — plus au fait de la population et des secteurs névralgiques. Le travail abattu, même s'il n'est pas encore terminé, est considérable quand on pense seulement que des dizaines, voire des centaines de milliers de foyers ont fait l'objet d'au moins une visite de prévention et d'inspection. N'eût été de celles-là, le bilan de dix-neuf personnes décédées de façon accidentelle au Québec à la suite de la tempête de verglas aurait sûrement été beaucoup plus lourd. D'autre part, autre aspect non négligeable, cette concentration impressionnante des forces de l'ordre sur la Rive-Sud et en Montérégie a aussi eu pour effet de réduire considérablement le taux de criminalité.

En toute fin de soirée, moins de 300 000 foyers étaient toujours privés d'électricité — Hydro-Québec a réussi, au cours des dernières vingt-quatre heures, à effectuer près de 40 000 rebranchements.

En passant, ma sympathique voisine d'en face, cette charmante septuagénaire dont je vous avais parlé plus tôt — madame Larivière pour ne pas la nommer — est de ceux qui sont rentrés chez eux. Je vois de la lumière briller derrière les rideaux.

N'est-ce pas un peu pour cela que le coin a retrouvé un peu de son âme?

Les jours d'après

RECONSTRUCTION ET PATIENCE

Presque trois semaines déjà que la tempête de verglas s'est abattue sur nous, semant chaos et désarroi, avant de glisser vers l'est, de se transformer et d'aller se perdre quelque part au-dessus de l'Atlantique. Mais si tout cela est du passé, les séquelles sont encore bien présentes, trop présentes même pour que l'on puisse songer à faire quelque bilan ou post-mortem.

Cela n'empêche pas de faire quelques constats. De risquer quelques gestes.

D'ailleurs, alors que l'on en est encore à rétablir et renforcer le réseau hydroélectrique, le Premier ministre Bouchard reconnaît déjà que certaines mesures d'urgence déployées au cours de ces événements ont laissé voir un certain nombre de lacunes qui, heureusement, n'ont provoqué aucun véritable drame ou aucune tragédie, mais qui n'en ont pas moins compliqué les délais d'intervention sur le terrain. Le Premier ministre annonce d'ailleurs que son gouvernement verra à réviser rapidement les plans d'urgence et de protection civile.

«On n'a pas vu durant les premières heures de la tempête, l'ampleur que cela allait prendre. Lundi, c'était une tempête; mardi, une grosse tempête; mercredi, une très grosse tempête. Et jeudi, un désastre. Il faut souffrir pour apprendre, lance-t-il. Mais maintenant qu'on sait ce que l'on sait, il ne fait pas de doute que nous devrons être en mesure de faire mieux la prochaine fois. Toutefois, même si ça n'arrive pas, on sera préparé.»

Le Premier ministre souligne aussi le travail exceptionnel effectué par les maires, les différents services municipaux, les bénévoles aussi. «La population leur doit beaucoup», souligne-t-il. À ceux qui s'impatientent et qu'il dit comprendre, le Premier ministre leur oppose toutefois cette mobilisation sans précédent d'Hydro-Québec, rappelant qu'il reste toujours 80 kilomètres de lignes à reconstruire, plus de 23 000 poteaux à installer et d'innombrables pylônes qu'il faudra redresser.

*L*a vie reprend enfin son cours normal à Montréal, où Hydro-Québec peut annoncer, en raison de la remise en état de la ligne à 735 kilovolts reliant les postes de Boucherville et Hertel, sur la Rive-Sud, la levée définitive de toutes les restrictions concernant la consommation d'électricité au centre-ville; l'arrivée de ces 1 000 mégawatts supplémentaires pour le centre-ville et le sud-ouest de l'île assure désormais une alimentation suffisante. Les deux derniers Centres d'hébergement, sur les 17 qui avaient été installés, et qui n'accueillent plus qu'une vingtaine de personnes seront fermés dans les prochaines heures. Au grand soulagement des parents, toutes les écoles de la Commission des écoles catholiques finissent par ouvrir; il en est de même pour plusieurs autres établissements scolaires sur la Rive-Sud.

$\mathcal{L}$a Ligue Nationale de Hockey annonce qu'elle verse la somme de 500 000 $ (canadiens, bien sûr!) pour venir en aide aux sinistrés de la tempête de verglas, une annonce qui est faite par le commissaire de la ligue, Gary Bettman — le Canadien annonce également que ses joueurs se rendront visiter les sinistrés.

Quebecor verse une importante somme au fonds d'aide aux sinistrés créé par la Croix-Rouge, les grandes banques y contribuent aussi. Les caisses populaires facilitent l'ouverture de marges de crédit et de prêts remboursables dans trois mois. De nombreuses entreprises suivent le pas. Une brochette de ministres se réunit pour faire le point sur la situation. «Si la situation est en voie de se rétablir, cela ne signifie pas nécessairement que la situation est moins grave là où les pannes se prolongent. D'autant plus que la fatigue des personnes et de l'équipement va augmenter avec le temps», dit le Vice-premier ministre, Bernard Landry, répétant que la tempête n'a pas modifié les cibles budgétaires du gouvernement et laissant par ailleurs entrevoir, à titre de ministre des Finances, une série de mesures pour venir en aide aux entreprises sinistrées. La ministre Harel annonce, quant à elle, une indemnisation visant à remplacer les biens de première nécessité perdus à cause des pannes prolongées. Les dons et les aides se multiplient. La solidarité continue de se manifester.

$\mathcal{J}$e ne sais pas qui a dit que les gens heureux n'avaient pas d'histoire. Il n'avait pas tout à fait tort. Depuis que l'électricité s'est remise à circuler dans les fils qui dansent de poteaux en poteaux sur notre petit chemin, je ne sais plus quoi écrire à propos de notre condition, quoi qu'il serait plus juste de dire que je n'ai plus rien à écrire tellement les choses sont revenues à la normale. Bon, l'eau s'infiltre un peu au-dessus de la porte du patio, il s'est formé comme de petits pics de glace entre les fenêtres, la pompe à eau semble hoqueter de temps à autre, mais rien pour en faire un drame. Rien, non plus, pour alimenter les idées, surtout quand on regarde ce qui continue de se passer tout autour.

*L*a reconstruction bat son plein, 3 000 travailleurs s'acharnent, en Montérégie, à remettre en état ou à reconstruire 500 pylônes métalliques et la vingtaine de milliers de poteaux, à la réparation, aussi, des 600 transformateurs et des 800 kilomètres de lignes qui ont été abîmés. Selon le président d'Hydro-Québec, on avance à raison d'environ 80 kilomètres par jour. Neuf pylônes doivent être déménagés dans l'ouest de l'île, une ligne de 315 kilovolts est *redessinée* entre la Rive-Sud et Montréal. Des travaux titanesques qui devraient prendre des semaines, voire des mois avant que tout ne soit définitivement terminé.

Mais on pare au plus urgent: la situation se rétablit définitivement à Montréal, dans les Laurentides, dans la Beauce; en Montérégie, le nombre de foyers sans électricité chute aussi quotidiennement, non sans quelques fluctuations. L'électricité revient progressivement à Granby, à Saint-Hyacinthe , à Saint-Basile-le-Grand; le poste Pierre-Boucher est rétabli.

Mais il reste toujours, néanmoins, çà et là, des derniers bouts de lignes électriques au fond des chemins qui attendent d'être rebranchés. Les conséquences, là peut-être plus qu'ailleurs, continuent à se faire ressentir durement, très durement, car ce sont habituellement des câbles qui assurent l'alimentation en électricité à des agriculteurs qui en ont probablement plus besoin que tout le monde pour maintenir en vie leurs cheptels, pour traire leurs vaches et pour que la vie continue dans la ferme. Des cas d'exception? Pas si sûr. Un récent relevé faisait état, au début de cette troisième semaine de panne, de près de 9 000 producteurs agricoles encore privés d'électricité. Ici, la crise est loin d'être finie, même si le ministère de l'Agriculture, des Pêches et de l'Alimentation du Québec rend publics certains programmes d'aide.

Si le gouvernement se préoccupe de la situation, les institutions financières adoptent une attitude de flexibilité à l'égard des sinistrés, là aussi des programmes spécifiques sont annoncés, ou le seront; la Société du crédit agricole du Canada propose aussi son aide.

𝓛es équipes d'Hydro-Québec continuent de travailler sans relâche et maintiennent leur rythme d'enfer. La fatigue se fait certes sentir — les employés l'évoquent ouvertement — mais on se dit prêt à poursuivre aussi longtemps que la situation l'exigera. «Près de 90 % de nos employés font présentement des journées de 16 heures et ça dure depuis le début; ils sont encore capables de le faire pendant une semaine. Après, il faudra réduire les horaires à 12 heures par jour», dit un responsable syndical. C'est ça qu'on appelle du cœur au ventre.

«𝖮n ne peut pas affirmer qu'il n'y aura plus de pannes, on ne peut pas dire une telle chose, mais on va faire ce qui est nécessaire pour que, si les mêmes événements se reproduisent, ça ne prenne pas plus d'une semaine pour rétablir le courant», dit le président d'Hydro-Québec.

Il est rapidement entendu.

À peine quelques heures plus tard, le gouvernement accorde non seulement à Hydro-Québec la permission d'installer une ligne de transport au-dessus de la rivière des Prairies, mais elle lui donne même quasi carte blanche pour faire ce qu'elle croit devoir faire pour assurer son réseau — on fera fi, pour une fois, des études d'impact environnemental. Quatre décrets du gouvernement précisent l'autorisation de tous les «travaux requis à la suite de la tempête de verglas [...] pour rétablir, maintenir et renforcer l'alimentation en électricité à la clientèle concernée sur le territoire des régions administratives de Montréal, Laval, Montérégie, Centre-du-Québec, Chaudière-Appalaches, Estrie, Outaouais, Lanaudière et Laurentides.» Quelques voix s'élèvent contre la décision, mais le gouvernement ne démontre pas l'intention de tergiverser. Ces travaux engloberont-ils la construction des trois lignes pour relier le Québec aux États-Unis? Qu'à cela ne tienne: «Il est nécessaire de renforcer nos liens avec le Sud pour ne pas dépendre complètement du Nord», précise aussitôt la société d'État, qui insiste pour dire qu'elle doit agir rapidement pour éviter d'autres catastrophes du genre.

Car ce que l'on a vécu et ce que l'on vit est effectivement une catastrophe: le Bureau d'assurances du Canada, dans un premier rapport préliminaire, relève près de 250 000 réclamations de sinistrés au Québec, pour un total de plus de trois cents millions de dollars de dommages aux résidences, aux biens sinistrés et aux véhicules. Les seules Assurances générales des caisses populaires Desjardins et La Sécurité, disent avoir reçu plus de 30 000 demandes de réclamation; au Groupe Commerce, c'est 15 000. On parle de réclamations qui varieront entre 50 et 80 millions.

Alors qu'on croyait Montréal à l'abri des pannes, une partie du réseau flanche à nouveau: le métro s'arrête, les taxis n'arrivent pas à répondre à la demande, les boulevards et les rues sont une fois de plus congestionnés, les policiers dirigent la circulation au coin des rues comme «au bon vieux temps». Les activités sont paralysées pendant quelques heures, tout le monde retient son souffle pour que ça ne dure pas...

*L*e retrait graduel des militaires est annoncé, une dizaine de jours et le nombre de militaires venus prêter main-forte au gouvernement, aux municipalités et à Hydro-Québec passera de 10 000 à 2 000; ceux qui resteront continueront de seconder les équipes d'Hydro-Québec. On gardera un bon souvenir de ces hommes et de ces femmes qui ont participé à l'opération porte à porte pour vérifier l'état de santé des sinistrés qui refusaient de quitter leur maison, pour élaguer les arbres et ramasser toutes ces branches tombées, pour déglacer des toits et des maisons, ou dégager les entrées des écoles et des églises.

Mais, aussi fatigués soient-ils, les militaires n'en seront pas moins maintenus sur un pied d'alerte «au cas où il se produirait autre chose.»

*P*lus les jours passent, plus les prévisions d'Hydro-Québec en ce qui a trait aux dates du rétablissement complet de son réseau semblent incertaines. La société d'État avait annoncé la date du 25 janvier, mais force est de constater que personne ne sait vraiment — sans oser l'admettre. On parle de *poches*, d'*îlots*, de *minorité*, il s'agit pourtant de plus de 50 000 foyers — 100 000, 150 000 personnes? On évoque aussi la possibilité que certains abonnés ne soient rebranchés que la première semaine de février, ou la seconde, ou...

Une demande de permission d'exercer un recours collectif est déposé au palais de justice de Montréal à l'endroit d'Hydro-Québec par une citoyenne de Verdun, madame Nicole Gobeil, qui a été privée de courant pendant sept jours et qui réclame 5 000 $ de compensation; elle accuse la société d'État non seulement d'avoir manqué à ses devoirs, mais d'avoir faire preuve d'imprévoyance, d'irresponsabilité et de grossière négligence. Elle affirme qu'il n'y avait pas suffisamment d'employés ou qu'ils n'étaient pas assez bien formés. Les stocks, ajoute-t-elle, étaient déficients et cela a causé des délais. On n'aurait pas, non plus, suffisamment tenu compte des rigueurs de l'hiver québécois. Si la cour lui donnait raison, et si la moyenne des dommages des trois millions de Québécois s'établissait effectivement à 5 000 $, le recours représenterait une somme de 15 milliards de dollars. Mais la bataille, si elle a lieu, c'est-à-dire si un juge de la Cour supérieure estime que la demande répond aux critères pour pouvoir exercer un recours collectif, reste fort d'être inégale — ce sera David contre Goliath — et de durer longtemps, très longtemps.

On s'aperçoit néanmoins que les choses reviennent à la normale lorsque l'opposition libérale à l'Assemblée nationale monte aux barricades pour réclamer la création d'une commission d'enquête pour identifier les raisons qui ont permis au réseau de transport et de distribution d'électricité de s'écrouler aussi totalement dans la région de Montréal et dans la Montérégie...

Il faut que je vous fasse part, en terminant, de cette histoire un peu paranoïaque que m'a racontée un type dans un Centre d'hébergement de la Rive-Sud.

— *Il n'y a que les petits qui ne tireront pas de bénéfice de tout ça, me dit-il. Parce que les autres...*

Imagine juste un instant, une conversation qui aurait pu se dérouler dans les coulisses du pouvoir:

«On ne peut pas vous donner ces autorisations, la population estime qu'on a suffisamment d'électricité, ça nous mettrait dans l'eau bouillante. Et puis, quoi! Le réseau est fiable. Je ne dis pas... si on avait des problèmes...»

Bon. Le type d'Hydro retourne dans ses bureaux, en parle à un v.-p., puis à un autre, et à un autre encore. L'idée fait son petit bonhomme de chemin.

Continue d'imaginer...

Le mauvais temps s'en vient.

On laisse s'installer un certain décalage entre les événements et les réactions; on se dit peut-être simplement que de petites pannes çà et là suffiront à arranger les choses. Tu sais, on y tient vraiment à tous ces grands et beaux projets! De fait, les pannes surviennent, une ligne flanche ici, une autre là, des transformateurs grillent. Quand les pylônes commencent à ployer, on estime que ça devrait suffire. On tente de reprendre les choses en main, de reprendre le contrôle de la machine. Mais voilà, il est trop tard, ça pète et ça casse de partout.

Toi, moi, des milliers d'autres, on se retrouve dans le noir, on fait la gueule. Pourtant les sondages indiquent clairement que la popularité du gouvernement est à la hausse, que la cote d'amour à l'endroit d'Hydro n'a jamais été aussi forte...

Dans les coulisses, c'est quoi leur réaction?

Je ne dis pas que c'est ça qui s'est passé, mais ça serait quand même débile, non?